Elogios para *Miedo al Planeta Animal* de Jason Hribal!

"Fábulas de animales, leyendas de la selva, cuentos de Esopo fueron la evidencia discursiva de la interacción entre las especies que han sobrevivido hasta los tiempos modernos en la forma de la literatura infantil. Cuando el sistema carcelario reemplazó el sistema doméstico, y los zoológicos, circos y laboratorios se convirtieron en el lugar principal de esta interacción que antes fueron las granjas y el bosque salvaje, los animales comenzaron a resistirse. Aquí se encuentran sus historias ocultas. Jason Hribal nos lleva tras las bambalinas: muestra la realidad que ocurre detrás de las falsas exhibiciones y exposiciones cursis para revelar una economía degradante de explotación, el tráfico internacional de animales exóticos, el agotamiento por el trabajo excesivo, la manera cruel de amaestrar a los animales y el incesante e insolente molestar del público. Hace una crónica de las fugas, los ataques, las demandas de alimentos y las negativas para reproducirse resultantes. Aquí tenemos la resistencia de los animales que no es ni 'salvaje' ni 'instintiva' sino una repuesta a injusticias específicas. Con una mente resuelta, excéntrica, y maravillosamente picajosa, Hribal es el analista sin par de la fuga de animales. Con una misantropía ligera pero implacable, cuidadosamente nombra a los animales (los paquidermos — Jumbo y Tinkerbelle, los primates — Moe, Kumang, Little Joe, los leones marinos, delfines y orcas — Corky, Kasatka) dejando a los cuidadores, los amaestradores y los empresarios en un anonimato vergonzoso. Del escape de Tatiana, la tigresa siberiana del zoológico de San Francisco hasta el último asesinato por una orca, Hribal reúne inexorablemente la evidencia para presenciar estos intentos de liberación de las criaturas."

— Peter Linebaugh, autor de *The Magna Carta Manifesto* y *The London Hanged*

"'La venganza es mía', dijo la bestia cautiva. Prepárese para que su ilusión de tener seguridad quede destrozada, porque Jason Hribal nos muestra que una revolución se está gestando entre las frustradas orcas saltarinas, elefantes con tocados y tigres mantenidos tras las rejas.

Resulta que los espectáculos de animales, exhibiciones y exposiciones plantean una profunda y oscura amenaza, no solo a la naturaleza misma sino también para aquellos que imponen su voluntad a los espíritus salvajes y aquellos que los presencian durante un par de horas. Un libro revelador y fascinante."

— Ingrid Newkirk, presidente y co-fundador de PETA

"Jason Hribal acumula la evidencia y las conclusiones son ineludibles. Los zoológicos, circos y parques temáticos son las aldeas estratégicas de la larga guerra de los estadounidenses contra la naturaleza misma."

— Susan Davis, autor de *Spectacular Nature: Corporate Culture and the Sea World Experience*

"¡Los zoológicos, circos y la Bahía de Guantánamo.....Golpeados, azotados y disparados! ¿Por qué? Jason Hribal expone la especie pervertida que nosotros realmente somos. Vida, libertad y la búsqueda de la felicidad no es más que un sueño. Especialmente para nuestros semejantes."

— Allison Lance, fundadora de la Sociedad de la Conservación de Las Galápagos

"Jason Hribal, en su libro, Miedo del Planeta Animal, brinda un gran servicio al hacer esta crónica de la resistencia de los animales no humanos en contra de la multiplicidad de las instituciones humanas de explotación y opresión. Es un libro oportuno y de importancia vital que promete reformar drásticamente los debates en la ciencia, el derecho, la filosofía y el floreciente — aunque en gran parte estéril — campo de los estudios de los animales. Un resultado radical del libro es la ampliación de la noción de la capacidad que tienen los animales de actuar con intencionalidad y la demostración de que muchos de ellos — como los elefantes, los tigres y las orcas — utilizan estrategias políticamente hábiles cuando se rebelan contra sus opresores humanos. Además, los humanistas e izquierdistas de toda índole ya no pueden, sin quedarse avergonzados, persistir en la reducción de los animales no humanos a la condición de objetos, mientras que atribuyen la intencionalidad, rebelión, autonomía y liberación solo a los actores humanos. Y los "defensores de animales" tendrán que revisar sus propios perjuicios históricos y sus ideas de la total superioridad de los seres humanos cuando aprenden que el progreso moral y el cambio del paradigma de la ética animal no fueron provocados únicamente a través de sus propias campañas. El cambio progresista y la creciente conciencia de la sociedad humana están impulsados por los propios animales no humanos cuando se rebelan contra sus captores. Desafortunadamente, tan fascinantes y persistentes que sus luchas para la auto-liberación han sido por todo el mundo — en los zoológicos, circos y otras instituciones de explotación — su desafío a la supremacía humana no puede llegar a ser una verdadera revolución sin las políticas radicales organizadas de los sectores progresistas y militantes de la humanidad. El destino de las especies de los animales no humanos sigue dependiendo de si los seres humanos puedan superar las propensiones violentas de su propia animalidad y desmantelar las máquinas destructivas del capitalismo global. Sin embargo, este libro nos lleva bastante lejos hacia una comprensión de la complejidad de las emociones, mentes y la vida social de los animales no humanos de tal manera que podamos reconocerlos como agentes políticos y formadores de su propia historia."

— Dr. Steven Best, Profesor Asociado de Filosofía de la Universidad de Texas, El Paso, co-editor de *Terrorists or Freedom Fighter: Reflections on the Liberation of Animals*

"Hribal hábilmente penetra en la historia oculta de los animales en cautiverio y revela que son agentes activos de su propia liberación. Su libro es una crónica angustiosa y curiosamente edificante de la resistencia contra algunas de las formas más crueles de tortura y opresión que ocurren en este lado de la prisión de Abu Ghraib."

— Jeffrey St. Clair, de "Elogiemos Ahora a Los Animales Infames," autor de *Born Under a Bad Sky*

# MIEDO AL
## PLANETA ANIMAL
## LA HISTORIA OCULTA DE LA
## RESISTENCIA ANIMAL

Publicado por primera vez por
CounterPunch y AK Press 2010

Gracias a Anne Boylon, Gloria Calero Santamaría y Felipe Rubio López
por traducir "Fear of the Animal Planet" al español.

CounterPunch
PO Box 228, Petrolia, California 95558
www.counterpunch.org

AK Press
674-A 23rd St, Oakland, California 94612-1163
www.akpress.org

ISBN 978-1-50-331976-9

Un registro de catálogo de este libro se encuentra disponible en la Biblioteca del Congreso.
Número de control de la Biblioteca del Congreso: 2010925758

Diseño y tipografía de Tiffany Wardle de Sousa.

Fuente en Minion Pro, diseñada por Robert Slimbach para Adobe Systems Inc.;
Futura, diseñada originalmente por Paul Renner; y Compacta, diseñada por Fred Lambert.
Portada y contraportada usan Tungsten, diseñada por Hoefler & Co.

Impreso y encuadernado en Canadá.

# MIEDO AL PLANETA ANIMAL

## PLANETA ANIMAL

## LA HISTORIA OCULTA DE LA
## RESISTENCIA ANIMAL

## JASON HRIBAL

Introducción de Jeffrey St. Clair

Para William Maugham que me alentó a leer.

# TABLA DE CONTENIDO

# AHORA VAMOS A ELOGIAR A LOS ANIMALES INFAMES

POR JEFFREY ST. CLAIR

En la primavera de 1457, un espantoso asesinato tuvo lugar en la aldea Francesa de Savigny-sur-Etang. Un niño de cinco años de edad había sido asesinado y su cuerpo parcialmente devorado. Una familia local fue acusada de este crimen aterrador por los residentes locales que afirmaron haber presenciado el asesinato. Las autoridades locales pronto encontraron a los siete sospechosos, una madre y sus seis hijos, todavía manchados por la sangre del niño. Fueron arrestados, acusados de infanticidio y encarcelados en espera de juico.

Los acusados eran indigentes y el tribunal designó a un abogado para representarlos. Unas semanas más tarde se convocó un juicio en la corte señorial de Savigny. Los testigos fueron llamados a declarar en una sala llena de público. Se presentaron pruebas y los argumentos jurídicos fueron debatidos acaloradamente. Los magistrados consideraron los hechos y el derecho, y pronunciaron un veredicto y una sentencia. La madre fue declarada culpable y condenada a ser colgada por las piernas en la horca hasta la muerte. Sus seis hijos, sin embargo, recibieron un perdón judicial. El tribunal aceptó el argumento del abogado defensor, ya que los jóvenes carecían de la capacidad mental para haber cometido un crimen ante la ley. Los niños huérfanos quedaron bajo tutela estatal.

Sin duda este es un caso interesante, que ofrece lecciones importantes sobre los derechos legales de los pobres y las raíces históricas de la justicia de los menores en la jurisprudencia occidental, lecciones que parecen completamente perdidas en nuestro actual Corte Suprema "obsesionada con la tradición." Pero aquí viene lo bueno: los acusados en estos pro-

1

cedimientos no eran miembros de nuestra especie. Eran, hay que decirlo, una familia de cerdos.

El caso del asesinato de Savigny, incluso en sus espantosos detalles, era corriente. En la Europa medieval (e incluso en la América colonial) miles de animales fueron citados a los tribunales y juzgados por diversos delitos, desde invasión, robo y vandalismo a violación, asalto y asesinato. Los acusados, incluyeron gatos, perros, vacas, ovejas, cabras, babosas, golondrinas, bueyes, caballos, mulas, burros, cerdos, lobos, osos, abejas, gorgojos y termitas. Estos tribunales no eran juicios ficticios o festivales extraños como el Día de los Inocentes. Los juicios fueron tomados en serio tanto por los tribunales como por la comunidad.

Aunque ahora en gran parte olvidados por la historia, estos juicios seguían las mismas reglas complejas de procedimiento legal utilizadas en los casos involucrando a los seres humanos. De hecho, como se detalla en extraordinario libro de E. P. Evans, *The Criminal Prosecution and Capital Punishment of Animals* (1906), los humanos y los animales frecuentemente fueron juzgados juntos en la misma sala del tribunal como co- cómplices, especialmente en los casos de bestialidad. A los animales acusados se les asignó sus propios abogados pagados por el gobierno. Los animales disfrutaron de derechos de apelación y hay varios casos en los que las condenas fueron anuladas y las sentencias reducidas o conmutadas por completo. A veces, sobre todo en los casos de los cerdos, los animales acusados estaban vestidos con ropa humana durante los procesos judiciales y en las ejecuciones.

Los juicios de los animales se llevaban a cabo en dos distintos ámbitos: los tribunales eclesiásticos y los tribunales seculares. Los tribunales eclesiásticos eran el lugar elegido para los casos que involucraban destrucción de recursos públicos, como cultivos, o en delitos relacionados con corrupción de la moral pública, como brujería, o relaciones sexuales entre humanos y bestias. Los tribunales seculares y reales reclamaron jurisdicción sobre los casos en que los animales fueron acusados de causar daño corporal o muerte a seres humanos o, en algunos casos, a otros animales.

Cuando se emitieron veredictos de culpabilidad imponiendo la pena de muerte, un verdugo profesional se encargaba de la tarea letal. Los animales fueron sometidos a las mismas formas horribles de tortura y ejecución como los seres humanos condenados. Los animales condenados fueron golpeados con látigo, puestos en la cremallera, ahorcados, decapitados, quemados en la hoguera, enterrados vivos, acorralados y acuartelados y lapidados hasta la muerte. En el siglo XIV en Cerdeña, a la ganadería que invadía una propiedad, les cortaban una oreja por cada delito. Utilizando una temprana aplicación de la ley de "sanciones definitivas tras tres casos de reincidencia," a la tercera condena la ejecución era inmediata.

La carne de los animales ejecutados nunca se comía. En su lugar los cadáveres eran o quemados, o vertidos en los ríos o encerrados junto a los condenados humanos en los cementerios reservados para los criminales y herejes. Las cabezas de los condenados, sobre todo en los casos de bestialidad, se mostraban en picas en la plaza al lado de las cabezas de sus co-conspiradores humanos.

El primer juicio por asesinato documentado involucrando a un animal se llevó a cabo en 1266 en Fontenay-aux-Roses (el lugar del nacimiento del pintor Pierre Bonnard) en las afueras de Paris. Trató del asesinato de una niña pequeña. El acusado fue un cerdo. Aunque los registros se han perdido, es casi seguro que hay juicios similares que se remontan a la Grecia clásica donde, según Aristóteles, se llevaban a cabo con regularidad juicios seculares de animales en la gran Prytaneum de Atenas.

Curiosamente, la *Summa Theologiae* de Tomás de Aquino, escrita en 1269 es, en parte, un ataque contra las ideas de Aristóteles y sus "acólitos radicales" que se habían infiltrado en las universidades de Europa en el siglo XIII. En la *Summa*, Aquino laboriosamente trató de explicar la base teológica para los juicios de los animales.

Si bien la mayoría de los juicios de los animales, según los registros desenterrados por Evans, aparentemente tuvieron lugar en Francia, Alemania e Italia, casi todos los países de Europa parecen haber llevado bestias a juicio, entre ellos Rusia, Polonia, Rumania, España, Escocia e Irlanda. Anglófilos han afirmado desde hace tiempo que solo Inglaterra se resistió la idea de llevar a las vacas, los perros y los cerdos ante las cortes reales. Pero Shakespeare sugiere lo contrario. En "*El Mercader de*

*Venecia*," un amigo de Portia, el joven e impetuosos Graciano, abusa de Shylock, comparándole con un lobo que había sido juzgado por asesinato y ahorcado:

> "Tu despreciable espíritu canino
> De lobo regentado, por cuya carnicería humana
> Su alma feroz se escapó de la horca.
> Y fluyó en ti."

Incluso el Brasil colonial se involucró. En 1713, una rectoría en el monasterio Franciscano de Piedade no Maranhão se derrumbó, su fundación devastada por termitas. Los frailes presentaron cargos contra las termitas y una investigación eclesiástica emitió una citación exigiendo que los voraces insectos comparecieran ante el tribunal para enfrentar las acusaciones en su contra. A menudo, en tales casos, los animales que no acataron la orden fueron condenados sumariamente en sentencias dictadas en rebeldía. Pero estas termitas tenían un abogado astuto. Sostuvo que las termitas eran criaturas industriosas, trabajadoras y que disfrutaban de un derecho dado por Dios a alimentarse. Además, afirmó el abogado defensor, los hábitos perezosos de los frailes probablemente habían contribuido al deterioro del monasterio. Argumentó que los monjes culparon a las termitas de su propia negligencia. El juez volvió a sus aposentos, contempló los hechos presentados y regresó con una decisión salomónica. Los frailes se vieron obligados a proveer de grandes cantidades de leña para darles alimento y se les ordenó a los insectos que abandonasen el monasterio y limitasen su alimentación a su nueva provisión.

Hubo un caso similar en la provincia de Saboya, Francia en 1575. Los gorgojos de Saint-Julien, una pequeña aldea en la región Ródano Alpe, fueron acusados del delito de la destrucción de los famosos viñedos en las laderas del Monte Cenis. Pierre Rembaud fue designado como abogado defensor de los acusados. Rembaud no perdió tiempo en presentar una solicitud de fallo sumario, con el argumento que los gorgojos tenían todo el derecho de consumir las hojas de parra. De hecho, afirmó, los gorgojos disfrutaron de una reclamación previa a la vegetación en el Monte Cenis ya que, como se detalla en el libro del Génesis, la Deidad

Suprema había creado los animales antes que a los seres humanos y Dios había prometido a todos los animales todo el pasto, hojas y hierbas verdes para sustentarse. El tribunal se quedó perplejo ante el argumento de Rembaud. Mientras los jueces deliberaron, los habitantes del pueblo de Saint-Julien parecieron convencidos por el razonamiento jurídico del abogado. Tal vez los bichos tuvieran quejas legítimas. Inmediatamente la gente del pueblo estableció un pedazo de tierra lejos de los viñedos para darles a los gorgojos un lugar donde pudieran forrajear. Hicieron una inspección de la tierra propuesta. Se emitió un título de propiedad del terreno y lo mostró a Rembaud para su propia inspección y aprobación. Asignaron el nombre "La Grand Reisse" a la reserva. Rembaud recorrió el lugar investigando las comunidades de plantas con los ojos de un botánico con experiencia. Finalmente, negó con la cabeza….no había trato. El terreno era rocoso y obviamente había sido pastoreado excesivamente durante décadas. La Grand Feisse era totalmente inadecuada para los paladares exigentes de sus clientes. ¡Ojalá que a John Walker Lindh le hubieran designado un defensor tan resuelto!

El Perry Mason de los abogados defensores de los animales fue un aclamado jurista francés llamado Bartolomé Chassenée quien más tarde se convirtió en un jefe de la justicia en los tribunales provinciales franceses y un teórico preeminente del derecho. Uno de los ensayos más interesantes de Chassenée, el equivalente en el siglo XVI de un artículo en una revista jurídica, fue titulado *De Excommunicatore Animalium Insectorium*. En otra monografía jurídica Chassenée argumentó persuasivamente que los animales locales, tanto silvestres como domésticos, deberían ser considerados miembros laicos de la comunidad parroquial. En otras palabras, los derechos de los animales eran similares en especie a los derechos de las personas en general.

En el verano de 1522, Chassenée fue llamado a la antigua aldea de Autun, en Borgoña. El casco antiguo, fundado durante el reinado de Augusto, había sido invadido recientemente por ratas. Las doncellas francesas tenían miedo, la cosecha de cebada quedó destruida y los viñedos estaban en peligro. El pregonero hizo pública una convocatoria a las ratas para que se presentasen ante el tribunal que llevaba el caso. Ninguno se presentó. El juez le preguntó a Chassenée por qué no debería encontrar a sus defendidos culpables en rebeldía. El abogado argumentó que la población de las ratas estaba dispersa por el campo y por eso sus clientes estaban casi seguramente inconscientes de los cargos pendientes en su contra. El juez estuvo de acuerdo. Enviaron de nuevo al pregonero a los campos a repetir su aviso urgente. Sin embargo las ratas no se presentaron al juicio. Una vez más Chassenée pasó a la acción. Utilizando tácticas muy hábiles que debieron impresionar a Gary Spence, Chassenée cambió su estrategia. Ahora, explicó apasionadamente al tribunal, que las ratas permanecieron escondidas en sus madrigueras, paralizadas ante la perspectiva de tener que pasar delante de los gatos de Autun, que fueron bien conocidos por su animosidad feroz hacia los roedores.

Finalmente, las ratas no fueron ejecutadas. El juez sentenció que abandonasen los campos de Autun en un plazo de seis días. Si las ratas no hiciesen caso a ese mandato, serían anatematizadas, condenadas al tormento eterno. El tribunal advirtió que esta sentencia se haría cumplir sin tener en cuenta cualquier achaque o embarazo de los roedores.

Pocos juicios de animales se procesaron tan vigorosamente como aquellos en los que involucraban acusaciones de bestialidad. En 1565, un hombre fue acusado de mantener relaciones sexuales con una mula en la ciudad francesa de Montpellier. La mula también fue acusada. Ambos fueron juzgados juntos. Los dos fueron debidamente declarados culpables y condenados a muerte en la hoguera. Debido a la terquedad de la mula, la sometieron a tormentos adicionales. Le cortaron las patas antes de lanzarla al fuego.

En 1598, la presunta hechicera, Françoise Secretain fue llevada ante el tribunal inquisitorial en St. Claude en las Montañas del Jura de Borgoña para enfrentar cargos de brujería y bestialidad. Secretain fue acusada de comunicarse con el Diablo y tener relaciones sexuales con un perro, un gato y un gallo. Este caso que hiela la sangre está descrito en detalle por el fiscal, el Gran Juez, Henri Boguet, en su extraño libro de memorias, *Discours des Sorciers*. La desnudaron en su celda para que el fanático Boquet pudiese inspeccionarla en busca de la marca de Satanás. Los animales fueron afeitados y desplumados para realizarles exámenes similares. A Secretain y a sus mascotas las torturaron de diversas formas, incluyendo hundir un atizador caliente en la garganta para ver si derramaran lágrimas porque, como Boguet señaló en sus memorias:

> Todos los hechiceros que he examinado en calidad de juez, nunca han derramado lágrimas en mi presencia: de hecho, si las han derramado ha sido tan parsimoniosamente que no se tomó nota de ello. Lo digo con respecto a los que parecían llorar, pero dudo si sus lágrimas no eran fingidas. Tengo por lo menos la seguridad de que esas lágrimas fueron derramadas con el mayor de los esfuerzos. Esto se demostró por los esfuerzos que tuvieron que hacer los acusados para llorar, y por el pequeño número de las lágrimas que se derramaron.

¡Ay! La pobre mujer y sus animales no lloraron. Perecieron juntos en la hoguera.

En 1642, un adolescente llamado Thomas Graunger fue acusado de haber cometido, en la frase inolvidable de Cotton Mather, "sodomías repugnantes" con animales de granja en Plymouth, Massachusetts. El joven Graunger fue llevado ante un austero tribunal de puritanos encabezado por el gobernador, William Bradford. Allí fue juzgado junto a sus co-acusados, una yegua, una vaca, dos cabras, cuatro ovejas, dos terneros y un pavo. Todos fueron declarados culpables. Fueron torturados y ejecutados públicamente. Sus cuerpos fueron quemados en una pira, sus cenizas enterradas en una fosa común. Graunger fue el primer adolescente en ser ejecutado en la América colonial.

En 1750, un agricultor francés llamado Jacques Ferron fue sorprendido en el acto de sodomía con una burra en el campo. El hombre y la bestia fueron arrestados y llevados ante un tribunal en la comuna de Vanves, cerca de Paris. Después de un juicio que se alargó un día, declararon a Ferron culpable y fue condenado a arder en la hoguera. Pero los abogados de la burra argumentaron que su cliente era inocente. Declararon que la burra fue víctima de violación y no consintió en la copula con Ferron. Se presentaron testigos para que declarasen a favor del buen carácter de la burra. Declaraciones juradas pidiendo misericordia se presentaron ante el tribunal por varios ciudadanos distinguidos de la ciudad, incluso el abad principal del priorato local, demostrando el temperamento benigno y el buen carácter moral del animal. El abad escribió que la burra de cuatro años era "de palabra y de obra y en todos sus hábitos de vida, una criatura muy honorable." Este tribunal estaba obligado a valorar las cuestiones de voluntad, libre albedrío y resistencia. En resumen, la cuestión era si la burra había dicho que no. Después de una intensa deliberación, la corte anunció su veredicto. La burra fue absuelta y se le dejó regresar a su hábitat.

¿Cómo se puede entender todo esto? ¿Por qué los tribunales de Europa, tanto los seculares como los religiosos, dedicaron tanto tiempo y dinero a esos complejos juicios de animales problemáticos? Algunos eruditos, como James Frazer, argumentan que las pruebas desempeñaban la función de los antiguos rituales de sacrificio y expiación. El teórico jurídico, Hans Kelsen, ve estos casos como el último aliento de las religiones animistas. Otros han ofrecido una explicación económica sugiriendo que los animales fueron juzgados y ejecutados en momentos de exceso o incautados por la iglesia o la corona en tiempos de dificultades económicas, utilizando la regla de "deodand" (dar a dios). Otra explicación es que los juicios y las ejecuciones servían una función de la salud pública, eliminando determinadas poblaciones de animales de granja y roedores que podían contribuir a la propagación de enfermedades infecciosas.

Sin embargo, nuestro interés en este caso no es el propósito social sino las cualidades y los derechos que la así llamada mente medieval atribuía a los acusados: racionalidad, premeditación, libre albedrío, moralidad y razonamiento. En otras palabras, se presumía que los animales actuaban con intención, que podrían ser impulsados por la codicia, los celos y la venganza. Por lo tanto, la gente de la Edad Media tildados de primitivos en muchos círculos modernistas, estaban en realidad abiertos a una idea verdaderamente radical: la conciencia animal. Como demuestran estos juicios, se creía que los animales tenían *mens rea*, sentimiento de culpa. Pero los tribunales también consideraban seriamente las pruebas de descargo dirigidas a probar que las acciones del acusado, incluido el asesinato, eran justificables debido a una larga serie de abusos. En otras palabras, si los animales podían cometer delitos, a continuación los crímenes podrían también ser cometidos contra ellos.

Los juicios de animales alcanzaron su punto máximo a finales del siglo XVI y principios del XVII, luego fueron desapareciendo lentamente. Llegaron a ser vistos desde la perspectiva de los historiadores modernos como curiosidades cómicas, reliquias grotescamente extrañas de la Edad Media. El jurista W.W. Hyde sucintamente resumió la soberbia y engreída idea de los juristas del siglo XX: "el salvaje en su rabia ante las fechorías de un animal borra toda distinción entre el hombre y la bestia y trata a estos últimos en todos aspectos como a los primeros."

Por supuesto, la eliminación gradual de los juicios a animales no significó que el tratamiento cruel a éstos mejorase, o que las bestias problemáticas dejasen de ser condenadas a muerte en extravagantes actos públicos. Si bien los juicios cesaron, las ejecuciones aumentaron.

Recordemos la sentencia de muerte emitida en 1903 contra Topsy, la Elefanta estrella del Forepaugh Circo, en el Luna Park de Coney Island. Topsy había matado a tres amaestradores en un periodo de tres años. Uno de sus domadores era un sádico que torturaba a la elefanta golpeándola con palos, apuñalándola con objetos punzantes, y dándole a comer cigarrillos encendidos. Condenaron a Topsy a la horca, pero Thomas Edison ofreció la posibilidad de electrocutarla. La encadenaron, la dieron zanahorias mezcladas con cianuro de potasio y después fue sometida a una descarga de 6.600 voltios de corriente alterna. Ante una multitud de 1.500 espectadores, Topsy tembló, se desplomó y murió en una nube de polvo. Edison filmó todo el evento. Tituló el documental de su cortometraje "*Electrocutando al Elefante.*"

Topsy no fue juzgada. Ni siquiera se imaginaba que tenía motivos para sentirse agraviada. Fue asesinada por haberse convertido en una amenaza. Su muerte fue simplemente una decisión económica.

¿Qué pasó? ¿Cómo es que los animales llegaron a ser vistos como mercancías sin sentido? Una explicación es que la modernidad irrumpió en la filosofía de René Descartes. La gran desconexión cartesiana no solo escindió la mente del cuerpo, sino que también separó a los seres humanos del mundo natural. Descartes postuló que los animales eran meros autómatas físicos, máquinas biológicas cuyas acciones eran impulsadas únicamente por instintos biofísicos. Los animales carecían del poder de la cognición y la capacidad de pensar y razonar. Tenían un cerebro pero no una mente. En Port-Royal los cartesianos trocearon criaturas vivas con fervor, y en las palabras de uno de los biógrafos de

Descartes, patearon a sus perros y disecaron a sus gatos sin piedad, riéndose de cualquier compasión por ellos y calificando sus gritos como el ruido de una máquina rompiéndose. Al otro lado del Canal de la Mancha Francis Bacon declaró en el *Novum Organum* que el objetivo apropiado de la ciencia era restaurar la dominación, divinamente ordenada, del hombre sobre la naturaleza "para extender más ampliamente los límites del poder y la grandeza del hombre" y dotarle de "ventajas infinitas." El médico de Bacon, William Harvey, era un vivisector diligente de animales vivos.

Así los grandes sabios de la Ilustración afirmaron la primacía despiadada de la humanidad sobre el Reino Animal. La visión materialista de la historia y los temibles pistones económicos y tecnológicos que la conducían no dejaban lugar ni para las almas ni para las conciencias de los animales. Ya no eran nuestros semejantes. Habían pasado a ser, filosófica y literalmente, recursos para la explotación, convertidos en objetos de comercio, trabajo, entretenimiento o comida, sin sentido alguno de culpabilidad.

Convenientemente para los seres humanos, los filósofos de la era industrial declararon que los animales no tenían conocimiento de su condición miserable. No podían entender el abuso, no tenían concepción del sufrimiento, no podían sentir dolor. Cuando los animales en cautiverio mordieron, pisotearon o mataron a sus captores humanos, no fue un acto de rebelión contra el trato abusivo, sino simplemente un reflejo. Por tanto, no había necesidad de investigar las motivaciones de estos encuentros violentos. No podía haber premeditación por parte del animal. Los enfrentamientos no podían ser crímenes. Eran meros accidentes, nada más.

Uno se pregunta ¿qué hubiera pensado Descartes del grupo de orangutanes que robó palancas y destornilladores de los guardianes del San Diego Zoo para escapar de sus recintos en varias ocasiones? Entonces, Monsieur Descartes, ¿cómo se entiende la cognición, la cooperación y el uso de herramientas en este caso?

En 1668, Jean Racine, un dramaturgo no conocido por su facilidad para la comedia, escribió una que satirizaba los juicios de animales. Escrito dieciocho años después de la muerte de Descartes, *Les Plaideurs*

(Los Litigantes) cuenta la historia de un anciano senil obsesionado con los juicios, que finalmente somete a juicio al perro de la familia por el robo de un capón de la mesa de la cocina. El chucho es condenado y sentenciado a muerte. Entonces el abogado del can condenado hace una súplica de último minuto para la misericordia y revela una camada de cachorros ante el juez. El anciano se conmueve y la dura mano de la justicia es suspendida.

La comedia de Racine, basada en parte en *Las Avispas* de Aristófanes fracasó, representándose solo dos noches antes de cerrar, tal vez porque el público aun no había sido convencido por los Salones de Europa a renunciar plenamente a su parentesco con las criaturas naturales. Es revelador que la obra fue resucitada un siglo más tarde por la Comedie-Francaise llenando teatros. Para entonces la actitud del público había cambiado decisivamente a favor de la superioridad humana. Según algunas versiones, la obra se ha convertido en la comedia francesa más vista, llegando a representarse más de 1400 veces.

Contrasta la vista homocéntrica y estéril de Descartes con la de un mayor intelecto, Michel de Montaigne. Escribiendo apenas cincuenta años antes de Descartes, Montaigne, el más dotado estilista de la prosa francesa, declaró: "Nosotros los entendemos no más que ellos a nosotros. De la misma manera podría ser que ellos nos estimen bestias como nosotros a ellos." El mismo autor escribió en la "*Apología de Raymond Sebond*" las famosas líneas, "Cuando juego con mi gata, ¿quién sabe si no soy un pasatiempo para ella más que ella es para mí?" Montaigne estaba angustiado por el trato bárbaro a los animales: "Cuando veo el cuello de un pollo arrancado o un cerdo apuñalado, me siento apenado; no puedo soportar oír el gemido de una pobre liebre cazada por los perros.

Pero los materialistas dominaron. Descartes fue apoyado por el severo John Calvin quien proclamó que el mundo natural era simplemente un recurso material para ser explotado en beneficio de la humanidad, "Verdad es que Dios nos ha dado las aves para nuestra comida," declaró Calvin. "Sabemos que Él ha criado todo el mundo para nosotros."

John Locke, el padre del pensamiento liberal moderno, describió a los animales como "máquinas perfectas" disponibles para el uso no regulado del hombre. Los animales enviados a los mataderos no tenían derecho de apelación. En la visión fríamente utilitaria de Locke, vacas, cabras, gallinas y ovejas eran nada más que carne caminando de pie.

Así fue que la Gran Cadena de las Criaturas se transformó despiadadamente en una cadena de hierro con esposas alrededor de las piernas y las gargantas de los animales, despachados a zoológicos, circos, plazas de toros y mataderos.

Karl Marx, ese materialista supremo, ridiculizó a los poetas románticos por su "divinización de la naturaleza" y reprendió a Darwin por su "manera natural y zoológica de pensar." Por desgracia el gran intelecto de Marx no fue lo suficientemente empático para ampliar sus conceptos de la división del trabajo, la alienación y la revuelta de los trabajadores a los animales alienados y explotados duramente por sus amos del capital. Ya en 1930, escribe Matt Cartmill en su excelente historia de la caza: "*Vista de una muerte en la mañana*" (*A View to Death in the Morning*), "algunos pensadores marxistas…creyeron que había llegado el momento de poner coto a la naturaleza, y que los animales y plantas que no sirvieran a ningún propósito humano deberían ser exterminados."

A Marx le gustaba menospreciar a sus enemigos llamándolos babuinos. Pero, ¿Qué hubiera pensado Marx de los babuinos del norte de África, perseguidos por comerciantes de animales, que masacraron a las madres babuinas lactantes y robaron a sus bebes para zoológicos y laboratorios americanos de investigación? Las comunidades de los babuinos violentamente resistieron esta operación risible, persiguiendo a los captores a través del desierto hasta llegar a la estación de tren. Algunos de esos babuinos, incluso siguieron al tren por más de ciento sesenta kilómetros, haciendo incursiones en los vagones en un intento de liberar a los cautivos. ¿No es eso una forma de solidaridad sin miedo?

Fidel Castro, uno de los más fervientes seguidores de Marx, se reinventó a sí mismo en sus años ochenta como una especie de eco-guerrilla, denunciando la amenaza del calentamiento global y abogando por revoluciones verdes. Sin embargo, a Castro nada le gusta más que llevar a periodistas de visita al Acuario Nacional de La Habana para ver como los delfines en cautiverio realizan ejercicios. Los cetáceos son mantenidos en condiciones tan miserables y a menudo en aguas tan saturadas de cloro, que se les quema la piel produciéndoles úlceras y haciendo que las corneas de sus globos oculares se pelen. Cuba captura y cría delfines para exposiciones itinerantes y la venta a parques acuáticos notoriamente nocivos en toda América del Sur. Los delfines en cautiverio en La Habana son amaestrados por Celia Guevara, hija del Che. Allí, como en otros parques de delfines, utilizan los alimentos como un arma en el reacondicionamiento despiadado de los inteligentes mamíferos marinos. De no hacer el ejercicio correctamente no se les dará de comer. ¿Es de extrañar, entonces, que muchos delfines en cautiverio hayan optado por morder la mano que les mata de hambre?

Adam Smith se muestra un poco más humano que los Marxistas. Aunque consideraba los animales como una propiedad, el retrocedió al ver el matadero: "El oficio de carnicero es un negocio brutal y odioso."

A través de los siglos han sido los poetas los que han mantenido, en gran medida, una firme afinidad con el mundo natural. Véase, por ejemplo, la *Metamorfosis* compuesta por el poeta romano y disidente político, Ovidio, en la época del nacimiento de Cristo. En el último libro de esta epopeya donde los seres humanos se transforman rutinariamente en animales, Ovidio convoca al espíritu de Pitágoras. El gran sabio de Samos, a quien Aristóteles aclamó como el padre de la filosofía, da el discurso más importante del poema. Pero el autor del famoso *Teorema* abandona la oportunidad de proclamar que la matemática es la base de la naturaleza. En su lugar el Pitágoras de Ovidio denuncia la matanza de animales para la alimentación y afirma la santidad de toda forma de vida.

> "¡Qué maldad han ideado, que tan impíamente se preparan para derramar sangre humana, quienes rajan la garganta de un becerro con un cuchillo y escuchan impasibles su balido, cómo pueden matar a un cabrito para comer que llora como un niño o alimentarse de un pájaro que ellos mismos han alimentado! ¿No es eso verdaderamente cometer un asesinato? ¿A dónde conduce el camino a partir de ahí?"

A dónde en verdad. ¿Al infierno, quizás? Eso es lo que pensaba John Milton. El Dios de Milton hace saber a Adam que los animales tienen el poder de la cognición y de hecho "razonan no despreciablemente."

El gruñón Robert Burns le dice a un ratón asustado:

> Estoy verdaderamente arrepentido
> De que el dominio del hombre

> Haya roto la unión social de la naturaleza,
> Y justifique esa opinión mala,
> Que hace que yo te sobresalte
> Yo, tu pobre compañero nacido de la tierra
> ¡Tu compañero mortal!

Samuel Taylor Coleridge expresó sentimientos fraternales similares a un burro encadenado en un campo:

> ¡Pobre Burro! Tu señor debería haber aprendido a tener Lastima
> ¡mejor enseñada por la común aflicción!
> Por tanto temo que Él vive como tú,
> ¡Hambriento en medio de una tierra de Lujo!
> ¡Tan suplicantes tus pasos aquí doblan!
> Parecen decir: "¿Y tengo yo ni un amigo?"
> ¡Potro inocente! Pobre desamparado despreciado!
> Te saludo Hermano — ¡pese al desprecio del tonto!
> Y de buena gana te llevaría conmigo, al valle
> De Paz para vivir en leve igualdad….

Lord Byron se opuso a la pesca con caña, diciendo que inflige dolor innecesario a la trucha y ridiculizó a Izaak Walton por degradar la poesía en la promoción de esta afición "cruel." Sin duda, al primero de los poetas le habría indignado el fatuo pasatiempo de la pesca "de captura y liberación."

El archienemigo de Byron, William Wordsworth, escribió un poema impresionante titulado Ciervo-Salte-Bien, un relato de los últimos momentos de la vida de un poderoso ciervo perseguido por un caballero y sus perros "durante trece horas" hasta su muerte. La balada se cierra con una denuncia descarnada de la caza deportiva:

> "Esta Bestia no sin ser vista por la naturaleza cayó;
> Su muerte fue llorada por divina simpatía.
>
> "El Ser, que está en las nubes y el aire,
> Que está en las hojas verdes entre las arboledas,
> Mantiene un cariño profundo y reverente
> Hacia las criaturas inofensivas que ama.
> …
> Una doble lección, pastor, déjanos recibir,
> Impartida tanto por lo que ella (es decir: La Naturaleza) muestra y
> Lo que oculta;

> Nunca mezclar nuestro placer ni nuestro orgullo
> Con dolor por la más insignificante criatura que tiene sensibilidad."

El gran, aunque loco, naturalista y poeta John Clare adoraba abiertamente "la religión de los campos," mientras William Blake, el poeta de la revolución, simplemente dijo:

> Cada cosa que vive es sagrada
> La vida se deleita en la vida.

Y, por último, tenemos el precedente glorioso de Geoffrey Chaucer, que se revela a sí mismo como un liberador de animales. En el Prologo General de *Los Cuentos de Canterbury*, Chaucer describe a la priora como una mujer que no puede soportar el abuso de los animales.

> Pero para hablar de su conciencia,
> Era tan caritativa y piadosa, que
> Lloraba, si veía un ratón
> Atrapado en una trampa, si estaba muerto o sangrando.
> Sabuesos pequeños tenía ella, a los que daba de comer
> Carne asada, o leche y pan viejo.
> Pero lloraba terriblemente si uno de ellos estaba muerto.
> O si fue pegado por hombres queriendo lastimarlo
> Pues ella gobernaba con clara conciencia y tierno corazón.

Más tarde, en la notable "*El Cuento del Proveedor,*" (Tale of the Manciple) Chaucer desarrolla hasta las últimas consecuencias su argumento contra el uso de jaulas para pájaros cantores silvestres. El primer gran poeta del idioma inglés concluye que no importa lo bien que uno trata a los cautivos, los pájaros desean su libertad:

> "Toma cualquiera ave, y ponla en una jaula,
> Y pon toda tu intención y valor
> En alimentarla con ternura carne y bebida
> Con todas las golosinas que puedas imaginar;
> Y mantenlo lo más limpia que puedas,
> Aunque su jaula de oro sea la más bella,
> Esta ave, veinte mil veces,
> Proferiría estar en un bosque rudo y frio
> Comer gusanos y pasar desdichas;
> Para siempre esta ave trabajaría con diligencia

Para escapar de su jaula, si pudiera.
Su libertad esta ave desearía siempre."

Los filósofos tardarían casi seiscientos años en ponerse al día con los sentimientos progresistas de Chaucer. En 1975, el australiano, Peter Singer, publicó su libro revolucionario, *Liberación Animal* (*Animal Liberation*). Singer demolió el modelo cartesiano que trataba a los animales como meras máquinas. Combinando la ciencia y la ética, Singer afirmó que la mayoría de los animales son seres sensibles, capaces de sentir dolor. La imposición del dolor era a la vez poco ética e inmoral. Sostuvo que el credo progresista de proporcionar "el mayor bien para el mayor número" debe extenderse a los animales y que los animales deben ser liberados de su servidumbre en los laboratorios científicos, las granjas industriales, los circos y zoológicos.

Un cuarto de siglo después de la publicación de *Liberación Animal*, Peter Singer volvió a visitar el gran tabú de la bestialidad en un ensayo titulado "Heavy Petting" (Magreo). Expresando sentimientos que hubieran escandalizado al gran inquisidor Boguet, Singer argumentó que las relaciones sexuales entre los seres humanos y los animales no deben ser automáticamente consideradas actos de abuso. Según Singer, todo se reduce a la cuestión del daño. En algunos casos, Singer sugirió, los animales pueden llegar a sentir emoción y placer en tales acoplamientos entre especies. Incluso, para los más devotos defensores de los derechos de los animales, ésto sería entender el concepto de "biophilia" de E. O. Wilson demasiado literalmente.

En su libro, *Miedo del Planeta Animal*, historiador Jason Hribal da un radical, pero lógico, paso más allá de Singer. Hribal invierte la perspectiva y cuenta la historia de la liberación desde el punto de vista de los animales. Esta es la historia escrita desde el final de la cadena, desde el interior de la jaula, desde el fondo del tanque. La investigación escalofriante de Hribal viaja mucho más allá de donde Singer se atrevió a ir. Para Hribal, el problema no se limita al daño y al dolor, sino a la falta de consentimiento por parte de los animales. Los animales confinados no han dado su permiso para estar en cautiverio, ser obligados a trabajar, acariciados o mostrados al público con fines de lucro.

Hribal destapa hábilmente la historia oculta de los animales en cautividad como agentes activos de su propia liberación. Su libro es una crónica desgarradora y curiosamente edificante de la resistencia en contra de algunas de las formas más crueles de tortura y opresión en este lado de la prisión de Abu Ghraib.

Nos lleva detrás de las bambalinas del circo y del parque de animales, exponiendo métodos de amaestramiento que involucran formas sádicas de disciplina y castigo, donde los elefantes y los chimpancés son rutinariamente golpeados y aterrorizados hasta que se sometan.

Somos testigos desde la perspectiva de los animales del comportamiento tiránico de los amaestradores, así como de los sucios distribuidores en especies exóticas; los arrogantes cuidadores del zoológico y los cazadores siniestros que masacraron a los padres de los jóvenes elefantes y monos frente a sus crías antes de que los capturaran. Somos llevados dentro de jaulas, tiendas de campaña y tanques, donde los elefantes, monos y mamíferos marinos en cautiverio están confinados en condiciones miserables, con poca atención medica.

Naturalmente, todo esto es un gran negocio. Cada delfín puede generar más de un millón de dólares al año en ingresos, mientras que las orcas pueden producir veinte veces esa cantidad.

Esta es una historia de resistencia violenta a tales abusos. Estas son historias de fugas, subterfugios, huelgas, cornadas, alborotos, mordeduras y homicidios por venganza. Cada pisotón que sufre un brutal amaestrador armado con un gancho de toro, cada magulladura de un visitante que se burla, cada ahogamiento de un cruel amaestrador, es una grieta en el viejo orden que trata a los animales como propiedad, como fuentes de lucro, como objetos sin sentido de la explotación y el abuso. Los rebeldes animales están haciendo su propia historia y Jasón Hribal les sirve de Michelet.

Los perfiles heroicos del valor de los animales de Hribal muestran como la mayoría de estos actos violentos de resistencia fueron motivados por los tratos abusivos y por las miserables condiciones de su confinamiento. Estos animales están muy lejos de no tener sentido. Sus acciones revelan memoria, no el mero condicionamiento, contemplación, no el instinto y, lo más convincente, la discriminación, no la rabia ciega. Una y otra vez los animales se muestran dirigiéndose solo a sus agresores, a menudo esmerándose para evitar lastimar a espectadores. Es decir, los animales actúan con una conciencia moral.

Por lo tanto ahora alabemos a los animales infames.

Consideremos el caso de Jumbo el Elefante, el animal más famoso del mundo. Capturado en el este de África en 1865, Jumbo se convertiría en la atracción estrella del P.T. Barnum Circo. Hizo ganar millones a sus propietarios, pero le trataron cruelmente durante la mayoría de su corta vida. El paquidermo gigante estuvo confinado en un pequeño compartimiento con un suelo de cemento que dañó sus pies e hizo que sus articulaciones se volvieran artríticas. Fue amaestrado usando métodos indescriptiblemente brutales, le pusieron grilletes en las patas, le pincharon con una lanza, fue golpeado con asas de hacha, drogado y alimentado con cerveza hasta el punto de intoxicación. Fue enviado en un viaje sin fin en el tren del circo recorriendo todo el país y forzado a realizar dos espectáculos por día, seis días a la semana. A la edad de 24 años, Jumbo finalmente se hartó. Ya no podía aguantar más. Una noche de septiembre en Ontario, Jumbo y su compañero, el pequeño elefante llamado Tom Thumb, se liberaron de sus cuidadores y se alejaron de la tienda hacia las vías del tren. Según lo que contó más tarde P.T. Barnum, Jumbo empujó a su amigo fuera de las vías e intentó embestir al tren que venía hacia ellos. Después de que Jumbo murió, se realizó una autopsia. Sus contenidos estomacales revelaron numerosos objetos metálicos con lo que había sido alimentado durante años, incluyendo llaves, tornillos, pernos y monedas (pennies y nickels) — su recompensa por haber entretenido a cientos de miles de personas.

Tatiana la Tigresa, confinada durante años en un pequeño recinto en el zoológico de San Francisco, finalmente llegó a su límite después de ser atormentada por tres adolescentes el día de Navidad de 2006. Saltó el muro de tres metros, cogió a uno de los muchachos con sus garras y lo destripó. Durante la próxima media hora, deambuló por los jardines zoológicos, ignorando a muchos otros visitantes, hasta que localizó a los otros dos culpables y mutiló a los dos antes de ser abatida a tiros por la policía.

También hay un orangután llamado Ken. Desde su recinto en el San Diego Zoo, arrojó su propia mierda hacia un intrusivo equipo de noticias de televisión.

Moe, el chimpancé, era un actor de Hollywood no remunerado que le mantenían encerrado en una pequeña jaula en West Covina cuando no estaba trabajando. Moe logró escaparse en numerosas ocasiones y se resistió ferozmente a ser capturado. Mordió a cuatro personas y dio un puñetazo a al menos a un agente de policía. Después de su fuga le enviaron a un confinamiento miserable en un lugar lúgubre llamado Jungle Exotics. Moe se escapó de nuevo, esta vez a las montanas de San Bernardino, donde desde entonces nunca se ha sabido nada más de él.

Hablando de Hollywood, brindemos en memoria de Buda, el orangután (alias Clyde) quien protagonizó junto a Clint Eastwood en la película *Every Which Way But Loose*. En el set de la filmación Buda simplemente dejó de trabajar un día. Se negó a realizar sus rutinas tontas, y su amaestrador le aporreó repetidamente en la cabeza con una caña dura al frente del equipo de filmación. Un día cerca del final, Buda, como el perro en la obra de Racine, arrebató unas rosquillas de una mesa en el set. Su furioso domador le agarró, le volvió a meter en su jaula y le golpeó hasta la muerte con el mango de un hacha. El nombre de Buda no fue incluido en los créditos de la película.

Tyke, la Elefanta fue capturada en las sabanas de Zimbabue y enviada a los Estados Unidos para trabajar en un circo ambulante donde fue disciplinada rutinariamente con un gancho afilado, llamado un *ankus*. Después de haber pasado veinte años de cautiverio y tortura, Tyke llegó a su límite. Un día en Honolulu durante el rutinario desfile de los elefantes en la Gran Carpa, se escapó. Rompió las rejas de la pista y se lanzó hacia las salidas. Persiguió a los payasos del circo y los amaestradores, volcó coches, rompió una puerta y salió corriendo a las calles de Honolulu. Abatieron a Tyke a tiros, mientras todavía llevaba su tiara de diamantes de imitación.

Y también está la historia de Tilikum la orca. Cuando tenía dos años, fue brutalmente capturada en las aguas frías del Atlántico del Norte al lado de la costa de Islandia. La enviaron a la Isla de Vancouver donde se vio obligada a realizar ejercicios en un parque acuático llamado Sealand.

También la utilizaron como semental, y Tilikum engendró a numerosas crías que también fueron explotadas por sus captores. Compartió su pequeño tanque con otras dos orcas, Nootka y Haida. En febrero de 1991, La amaestradora de las ballenas se resbaló y se cayó dentro del tanque. Las ballenas no perdieron tiempo. Agarraron a la mujer, la sumergieron repetidamente y las tres ballenas la arrojaron hacia atrás y adelante hasta que se ahogara. En el momento de la matanza Haida estaba embarazada de una cría engendrada por Tilikum.

Ocho años más tarde, un hombre de 27 años de edad entró en el parque acuático, se quitó la ropa y se metió en el tanque con Tilikum. Loa orca le agarró, le mordió con fuerza y le tiró por todos lados. Encontraron al hombre muerto, flotando en la piscina a la mañana siguiente. Las autoridades afirmaron que el hombre murió de hipotermia.

En 2001 Tilikum era una atracción principal de Sea World en Orlando. Durante un evento llamado "Cenando con Shamu," Tilikum arrebató a su domadora, Dawn Brancheau, y la arrastró a la piscina donde, delante de los espectadores horrorizados, la hundió al fondo sujetándola hasta ahogarla. La ballena había entregado su tercer mensaje urgente.

Tilikum es el Nat Turner de los cautivos de Sea World. Ha luchado con actos heroicos contra la esclavitud de las criaturas salvajes. Ahora la batalla para la liberación de esas criaturas depende de nosotros. Hay que crear un movimiento global que acabe para siempre con estos gulags acuáticos.

— La ciudad de Oregon.

## Fuentes

Bierne, Piers, "The Law is an Ass," *Society and Animals*, Vol. 2 No. 1. (1994)

Boguet, Henri. *An Examen of Witches*. Trans. E.A. Ashwin. Portrayer Pub. (2002)

Cartmill, Matt. *A View to a Death in the Morning: Hunting and Nature*. Harvard. (1996)

Castillo, Hugo P. "Captive Marine Mammals in South America," *Whales Alive!*, Vol. 7, No. 1 (1998)

Coe, Sue and Cockburn, Alexander. *Dead Meat*. Running Press. (1996)

Cohen, Esther. "Law, Folklore and Animal Lore." *Past and Present* 110. (1986)

Davis, Susan. *Spectacular Nature: Corporate Culture and the Sea World Experience*. University of California. (1997)

Dubois-Desaulle, Gaston. *Bestiality: An Historical, Medical, Legal and Literary Study*. Panurge. (1933)

Evans, E. P. *The Criminal Prosecution and Capital Punishment of Animal*. Faber and Faber. (1987)

Ferrero, William. "Crime Among Animals." *Forum*, 20. (1895)

Finkelstein, J.J. "The Ox That Gored." *Transactions of the American Philosophical Society*, 71. (1981)

Frazer, James G. *Folklore in the Old Testament*. Tudor. (1923)

Girgen, Jen. "The Historical and Contemporary Prosecution of Animals." *Animal Law*. Vol. 9:97. (2003)

Humphrey, Nicholas. *The Mind Made Flesh*. Oxford University Press, (2002)

Hyde, W. W. "The Prosecution and Punishment of Animals and Lifeless Things in the Middle Ages and Modern Times." *University of Pennsylvania Law Review*, 64, 7, 690–730. (1914)

Peterson, Dale and Goodall, Jane. *Visions of Caliban: On Chimpanzees and Humans*. University of Georgia Press. (1993)

Salisbury, Joyce. *The Beast Within: Animals in the Middle Ages*. Routeledge. (1994)

Serpell, James. *In the Company of Animals*. Oxford University Press. (1986)

Singer, Peter. *Animal Liberation: A New Ethics for Our Treatment of Animals*. Random House. (1975)

—. "Heavy Petting." Nerve. (2001)

Tester, Keith. *Animals and Society: the Humanity of Animal Rights. Routledge*. (1991)

Thomas, Keith. *Man and the Natural World*. Oxford University Press. (1983)

—. *Religion and the Decline of Magic*. Oxford University Press. (1970)

# UN MENSAJE DE TATIANA

Fue el 26 de diciembre de 2007 cuando en todo el mundo se oyó hablar por primera vez del impactante ataque que había ocurrido en el Zoo de San Francisco. Una persona había muerto y otras dos estaban gravemente heridas. Había sangre salpicada por todas partes. La policía había abatido a tiros a la autora de los hechos. Era, según todos los informes, una escena de caos masivo. No sólo porque el ataque había ocurrido el día de Navidad, sino porque además la asesina ni siquiera era humana.

Tatiana era una tigresa siberiana de cuatro años y medio de edad. Había nacido en Denver, Colorado, pero la trasladaron a San Francisco en 2005. En aquel momento, fue considerada como una nueva atracción en la exhibición de tigres del zoo. Pero aquella actitud tan acogedora no duró mucho tiempo, especialmente después de que Tatiana se las arreglara para escalar el muro de tres metros de altura de su recinto y escapar. Unos adolescentes estuvieron gritándole obscenidades, agitando los brazos y, posiblemente, tirándole cosas. Una visitante relató cómo esos jóvenes habían estado haciendo exactamente lo mismo con los leones y que estos se habían cabreado. La mujer reunió a su familia y abandonó la zona inmediatamente. Los leones dan miedo enfadados, incluso cuando están enjaulados. Los tigres pueden ser aún más aterradores.

Tatiana fue directamente a por los hombres que la habían estado provocando, y despedazó a uno de ellos. Los otros dos huyeron. Durante veinte minutos, Tatiana deambuló por los terrenos del zoo. Se le presentaron muchas oportunidades de atacar a empleados del parque y al personal de emergencias. Fácilmente podría haber ido tras otros visitantes. Pero Tatiana tenía claro su objetivo: quería encontrar a los dos adolescentes que faltaban, y eso fue precisamente lo que haría en el Terrace

Café. Mientras la tigresa desmembraba el cuerpo de uno de los adolescentes, la policía rodeó la zona y deslumbró a la tigresa con sus luces. Tatiana se dio la vuelta y se aproximó a ellos. La mataron a disparos.

Los zoológicos y los circos tienen un procedimiento de actuación establecido para hacer frente a las consecuencias de este tipo de incidentes violentos por parte de animales en cautividad. El Paso Uno de este protocolo es afirmar que las fugas y los ataques son muy poco comunes, que casi nunca suceden, que el público general no tiene nada de qué preocuparse y que los periodistas no tienen nada que investigar. Sin embargo, tenemos que preguntarnos: ¿será verdad eso ? Un año antes de este ataque Tatiana había atacado a un entrenador. Ante familias que observaban desde poco más de un metro de distancia, Tatiana la tigresa metió sus patas a través de los estrechos barrotes de la jaula, clavó las garras en el brazo de un cuidador, para darle in mordisco y se lo comió de un bocado. "Mientras salíamos", se lamentaba un padre, "todavía podía oír... los gritos." Los funcionarios de San Francisco declararon que esta era "la única lesión de esta índole que ha ocurrido en el zoo." Esto no era cierto. La elefanta Tinkerbelle había estado involucrada en una serie de altercados con empleados del zoológico. Después estaba Fatima, una hembra de leopardo persa. En 1990 saltó sobre la espalda de un amaestrador y le mordió el cuello. "Creía que el leopardo lo iba a matar", comentó un espectador. "Estaba gritando: 'Ayudadme, ayudadme; quitádmelo de encima, quitádmelo de encima'. Yo estaba asustado. Esa no era la clase de cosas que esperaba ver en el zoo". Si el visitante hubiera sabido...

En las últimas dos décadas, solamente en los Estados Unidos, los tigres en cautividad han matado a diez personas y herido a muchas más. Una lista parcial incluiría el ataque ocurrido en 2008 a un amaestrador en la Hawthorn Corporation  Hawthorn es una agencia de alquiler y un centro de entrenamiento ubicado a las afueras de Chicago, Illinois. Sus cincuenta tigres se prestan a lo largo del año a varios circos y empresas de entretenimiento. En 2007 fue Berani, un tigre de Sumatra, quien mordió a un amaestrador en la cabeza en el Zoo de San Antonio. Un año antes de eso, fue una tigresa llamada Enshala en el Lowry Park Zoo de Tampa, Florida. Enshala se escapó de su recinto y persiguió a un veterinario. El equipo armado de Lowry, compuesto por diez miembros entrenados por la policía local, se reunió. De hecho, muchos zoológicos tienen estos escuadrones armados cuyo único propósito es responder a fugas y a ataques. En cuanto al destino de Enshala, moriría tras ser alcanzada por cuatro disparos de escopeta.

En 2005, otra vez en Hawthorn, un tigre atacó a un visitante. En 2004, al Cole Brothers Circo se le escapó un tigre que se adentró en el vecindario de Forest Hills en Queens. Se llamaba Apollo, era un tigre blanco de Bengala. Sobresaltó a los domingueros y causó el choque en cadena de cinco coches en la avenida Jackie Robinson. En 2003, otro tigre blanco de Bengala salió en las noticias. Fue durante el espectáculo de Siegfried y Roy en Las Vegas, cuando Montecore se aferró al cuello de un tal Roy Horn y lo arrastró fuera del escenario. Roy apenas sobrevivió al encuentro. Ese mismo año, un tigre de Sumatra llamado Castro atacó a su domador en el Zoo de Sacramento. El hombre también sobrevivió, pero por poco. En 2000, un tigre de Amur escapó durante una colecta de fondos en el Zoo Boise de Idaho. El evento fue publicitado como "Festín para la Bestia" [Feast for the Beast], y resultó ser prácticamente eso. El tigre dio caza a una patrocinadora y empezó a comérsela. La policía terminó disparando a la mujer, en vez de al felino.

En 1998, los problemas les tocaron a los circos Ringling Brothers y Barnum and Bayley. En enero, mientras estaban en St. Petersburg, Florida, llevaron a varios tigres al centro de la pista para una sesión fotográfica. El amaestrador Richard Chipperfield estaba al mando. En cierto momento de la sesión de fotos, Arnold, un tigre de cuatro años, decidió aferrar la cabeza de Chipperfield con sus dientes. Sólo después de haberlo azotado y rociado con un extintor de incendios, el tigre lo soltó. Pero el daño ya estaba hecho. Devolvieron a Arnold a su jaula, y Graham, el hermano del entrenador, lo ejecutó con cinco disparos. Varios años antes, el propio Graham había sido atacado por un grupo de leones amaestrados. En cuanto al Ringling Brothers, sus problemas continuaron. En noviembre del mismo año, otro tigre escapó y persiguió a un entrenador. Ese episodio también terminó violentamente.

Nuestra lista de enfrentamientos podría continuar. Podríamos añadir aquellos incidentes que ocurrieron fuera de los Estados Unidos. Por ejemplo, hubo un ataque de tigre en Moscú en febrero de 2006. Más tarde, al preguntarle al amaestrador si el circo ruso iba a matar al tigre involucrado, éste respondió con honestidad: "Si tuviéramos que disparar a cada tigre que nos ataca, no nos quedaría ninguno." El tigre fugitivo de un espectáculo polaco no tuvo tanta suerte. En marzo de 2000, este animal escapó y huyó por las calles de Varsovia. Un veterinario del circo intentó detenerle y forcejearon. La policía abrió fuego y mató tanto al hombre como al tigre.

Además, ni siquiera hemos comenzado a abordar las actividades de los otros grandes felinos: leones, jaguares, pumas y guepardos. Estos últimos, por ejemplo, parecen ser particularmente hábiles en el arte del escapismo. La guepardo Olivia trepó una valla, rebotó en un árbol y saltó un muro para salir de su recinto del zoológico de San Antonio. Durante veinte minutos recorrió el parque, que estaba lleno de visitantes. Halala saltó sobre un foso de más de tres metros de anchura y sobrepasó un muro de la misma altura en el Zoo de St. Louis. Los cuidadores no tenían la menor idea de cómo lo había hecho. En el Zoo de Nashville, un guepardo no identificado pasó diez horas suelto antes de ser capturado. ¿Y quién podría olvidar lo que ocurrió en octubre de 2008? Mientras eran trasladadas al Zoo de Memphis, dos guepardos escaparon de sus jaulas y se pasearon por la bodega de carga de su vuelo de pasajeros Boeing 757. De hecho, estos incidentes ocurren mucho más a menudo de lo que los zoológicos y los circos nos hacen creer.

El Paso Dos del procedimiento de actuación establecido es negar la actuación deliberada de los animales. Las palabras clave a recordar son "accidente", "salvaje", e "instinto". La tigresa hirió a su entrenador por accidente  Después de todo, es un animal salvaje. Sólo estaba siguiendo su instinto. Repite estas líneas lo suficiente, y la gente te creerá. Sin embargo, cuando empezamos a examinar estos incidentes más en profundidad, descubrimos que los zoos y circos nos están engañando de nuevo. El objetivo de Tatiana era un grupo de bromistas. Podría haber escapado de su recinto en cualquier momento, pero necesitaba motivación. Podría haber atacado a otros, pero quería venganza. Un visitante habitual del zoo, le dijo a un reportero que había sido testigo de una tentativa similar por parte de otro tigre en 1997. La hembra, de nombre desconocido, no consiguió por poco escalar el muro. Por lo visto, quería ir a por el cuidador que estaba cerca. El hombre solía explicar a quienes estaban a su alrededor: "Ella siempre hace lo mismo. Me odia a muerte." El veterinario de Lowry Park reconoció lo mismo después de que mataran a Enshala: "Ese felino me odia". Recordemos el caso de Fatima, la leoparda que saltó encima de la espalda de un domador de San Francisco. Unos escolares dijeron al reportero de un periódico que el hombre que estaba lavando su jaula había rociado a Fatima con agua solo unos segundos antes del ataque. Y qué decir de Montecore Había estado actuando durante más de seis años a un ritmo de ocho espectáculos a la semana. La noche del ataque se negó a obedecer una orden y el entrenador la amenazó. Ella le mordió la mano. Cuando el entrenador la golpeó en la cabeza con un micrófono, ella lo agarró por el cuello. En ninguno de estos escenarios las acciones fueron accidentales ni instintivas. Estos felinos atacaron por una razón.

Consideremos el caso de los elefantes en cautividad. Estos animales tienen la capacidad de ocasionar muertes a gran escala. Son grandes, fuertes y rápidos. Sin embargo, cuando se les presenta la oportunidad de arrollar a una multitud de visitantes o pisotear a una fila de espectadores, casi nunca lo hacen. En lugar de eso, apuntan contra individuos concretos. Está el caso de Janet, una elefanta del Great American Circus. Durante su desmán en 1992, tenía un grupo de niños montados en la espalda. Fácilmente los podría haber tirado y matado. Pero no lo hizo. De hecho, Janet se detuvo en medio del tumulto, dejó que alguien bajara a los niños, y continuó su ataque hacia los empleados del circo. En cuanto a su motivación original, quedó revelada cuando Janet recogió un objeto que se había caído al suelo y lo golpeó repetidamente contra la pared. El objeto resultó ser una picana.

La picana, o ankus, es un aparato abominable que muchos zoológicos y circos utilizan para entrenar a sus elefantes. Se parece a una palanca, pero con una punta afilada en el extremo curvo. Piense en un gran anzuelo invertido y no andarás por mal camino. Los entrenadores usan este aparato como arma para golpear, apuñalar, e infligir dolor y miedo. En 2009, se grabó en vídeo a los domadores de Ringling Brothers abatiendo despiadadamente a sus elefantes con estos instrumentos de tortura. La filosofía de la picana es clara: violencia equivale a disciplina. No es un eufemismo decir que los métodos de amaestramiento en esta industria pueden ser brutales.

Los circos, por ejemplo, durante mucho tiempo han preferido el uso del látigo para dirigir a tigres y leones. El látigo permite al domador mantener una distancia de seguridad, y aún así infligir una buena cantidad de dolor y miedo. Algunos circos se han actualizado, utilizando dispositivos más modernos: picanas eléctricas y pistolas paralizantes. Otros han elegido seguir utilizando instrumentos contundentes. A los amaestradores de Hawthorn por ejemplo, les gusta utilizar bates de béisbol. Pero no importa el instrumento, el propósito de estas armas es el control. El domador quiere que el tigre salte a través de un aro de fuego. El tigre no quiere. El domador azota, asusta o golpea al animal hasta que realice la acción. Esto es una respuesta aprendida, y todos los animales en cautiverio han tenido que soportar esta violenta educación. Algunos de ellos han sido educados con refuerzos negativos y otros han sido lo bastante afortunados como para ser amaestrados mediante refuerzos positivos. En cualquier caso, aquí es donde las cosas pueden tomar un giro interesante.

Cada animal cautivo sabe, a través de respuestas aprendidas y experiencias directas, qué comportamientos son recompensados y cuáles son castigados. Estos animales entienden que las acciones incorrectas traerán consecuencias. Si se niegan a actuar, si atacan a un amaestrador, o si escapan de su jaula, saben que los golpearán, que reducirán sus raciones de comida y que los pondrán en aislamiento solitario. Los animales cautivos saben todo esto sin embargo se resisten a obedecer y aún así siguen cometiendo este tipo de acciones -frecuentemente con un profundo sentido de determinación-. Por ello, estos comportamientos pueden ser entendidos como una verdadera forma de desobediencia deliberada o resistencia. Estos animales, como se mostrará a lo largo del libro, se están rebelando con conocimiento y propósito. Tienen un concepto de la libertad y la desean. Estos animales tienen su propia voluntad y consciencia. Tienen su voluntad y consciencia.

Ahora hemos llegado oficialmente a terreno peligroso, ya que siempre se acusará de que estas reivindicaciones no son aceptadas por pecar de antropomorfismo. Según cierto punto de vista mayoritario, solo los seres humanos pueden estar dotados de emociones, cultura, intelecto, y la capacidad de oponer resistencia. Pero esta manera de pensar se puede rechazar. Lo principal para comprender la idea de antropomorfismo es que, históricamente, no hay empirismo tras ella. Más bien, es un término lastrado: cargado de significados políticos, económicos, sociales y culturales. La Iglesia Católica, en los tiempos antiguos, lo usó para destruir el paganismo y así incrementar el poder y la influencia de la Iglesia. Hoy en día, son la ciencia y la industria quienes empuñan esa espada. Su metodología, sin embargo, es la contraria a la de la Iglesia. En lugar de unir a los distintos sectores, tratan de dividir y trazar amplios abismos entre los humanos y otros animales Esta distancia, esperan, creará un público general que no conozca ni se preocupe por la vida y el trabajo de los tigres, elefantes, o monos. Lo que buscan la ciencia y la industria es un mundo centrado y dominado por los seres humanos. Esta estrecha perspectiva les permite seguir explotando a otros animales de forma incuestionable y sin que nadie les moleste. El objetivo final, por supuesto, es obtener el mayor beneficio económico posible.

En cuanto a aquellos individuos que se atrevan a ir en contra de esta idea, automáticamente se les dará un toque de atención y serán censurados públicamente: "¡Estás siendo antropomórfico!". Tristemente, este tipo de reacción y que adjudica etiquetas ha conducido a la autocensura. Hay líneas de investigación que muchas personas tienen miedo de cruzar, ya que hacerlo puede generar burlas, castigos y, sí, desempleo. El que entiende simplemente interiorizará el término. Este tipo de comportamiento no se ha arraigado más que en la universidad, nido del status quo. Sin embargo, hay que recordar que no hace tanto tiempo que, en universidades de todo el país, las ideas de la eugenesia y el racismo también se consideraban categorías de análisis verdaderas, esenciales y científicas. A los profesores les encantaban al máximo. Hoy día, la situación ha cambiado, y la universidad está avergonzada, incluso hasta el punto de la negación, de este pasado inicuo. Al antropomorfismo le espera el mismo fin.

El Paso Tres del procedimiento de actuación establecido es el compromiso público de prevenir que este tipo de incidentes vuelvan a suceder.

Si se tratara de una fuga, entonces el zoo o el circo harán modificaciones en el diseño. San Francisco, por su parte, amplió el muro de hormigón y construyó una mampara de cristal, elevando la altura total del recinto de los tigres a seis metros. Colocaron alambres electrificados a lo largo del foso. El zoo instaló señales que prohibían el acoso a los animales. Si se tratara de un ataque, entonces estas instituciones cambiarían su protocolo y la formación de los empleados sería de mayor duración e intensiva. Ya no se permitiría a los cuidadores el contacto directo con los animales. Además, los propios animales autores de los hechos, podrían ser sometidos a un reentrenamiento o ser puestos bajo un sistema de manejo completamente nuevo. Pero si el animal fuera un reincidente, entonces el zoo o el circo podrían deshacerse de él o ella totalmente. En el pasado se utilizaron las ejecuciones sumarias. Algunos de los métodos más populares incluían pelotones de fusilamiento, envenenamientos y ahorcamientos. Desde entonces esto se ha convertido en un mala imagen para los políticos, por lo que la industria, en busca de ayuda, se ha dirigido a los traficantes de animales para quitarse el problema. Así es como funciona. Instituciones emblemáticas, como el National Zoo, el Lincoln Park Zoo, el Zoo de San Diego, Six Flags, y Ringling Brothers, venderán sus animales indeseados a subastadores y traficantes profesionales. Estos individuos, entonces, se darán la vuelta y los revenderán a terceros que operan sin autorización legal. El libro de Alan Greene *Animal Underworld* (1999) puede proporcionar más detalles sobre este tema, pero basta decir que el aspecto clave de esta relación es la ausencia de una conexión directa entre los vendedores originales y los compradores finales. De este modo, los zoos y circos pueden negar su implicación en tales negocios sucios y ocultar su avaricia. En cuanto a los animales indeseados, terminarán en colecciones privadas, cacerías enlatadas, laboratorios de investigación, o mataderos de carne exótica. Algunos de los animales, especialmente tigres, serán asesinados directamente por sus órganos, piel y garras. Según Interpol, el tráfico internacional de las especies de animales exóticos es una industria que mueve ocho mil millones de dólares al año. Y ningún animal está a salvo. Estas instituciones emblemáticas venderán a las especies amenazadas y no amenazadas por igual: leopardos, camellos, tigres de

Bengala, antílopes, gacelas, leones, rinocerontes blancos, gorilas, chimpancés y orangutanes. Tal vez recuerde a Knut, el famoso cachorro de oso polar. En 2007, se creó una especie de histeria colectiva en torno a él, por la cual miles de visitantes acudían a Alemania sólo para echarle un vistazo. El propietario de Knut, el zoo de Berlín, registró su imagen y la puso por todas partes. El zoo sacó 8,6 millones de dólares de la locura por Knut. No obstante, ya en diciembre de 2008, el zoo de Berlín quería deshacerse del oso. Knut había crecido y ya no era tan encantador ni un incentivo para pagar entrada. Sólo a través de una protesta pública, el zoo cedió y accedió a conservar el oso polar, -por lo menos hasta que se apagara el fervor.

El Paso Cuatro del procedimiento de actuación establecido es manejar las relaciones públicas. La Asociación Americana de Zoológicos y Acuarios (AZA), organismo gobernante de la industria, imparte talleres sobre técnicas exitosas de RRPP Su tesis central es la siguiente: control de la información. Cada institución debería tener designado un portavoz. Al ser cuestionada, e independientemente de la cuestión, esta persona debe declarar repetidamente que el zoo es un importante recurso para la conservación y la educación. También se deben dar garantías de que se han implementado los cambios apropiados y el parque es seguro para que vuelvan los visitantes. De nuevo, el control riguroso es lo principal, ya que fácilmente se puede filtrar información perjudicial. Tal fue el caso del ataque de Tatiana.

Llegaron noticias de que habían estado alimentando a la tigresa en San Francisco con cuatro kilos menos de carne por ración individual de lo que había recibido durante su confinamiento en Denver. Esto llevó a algunos a especular que el zoo estaba intentando conseguir de esa manera que Tatiana estuviera más activa para los visitantes . Si la tigresa estaba continuamente hambrienta, se pensaba, sería más inquieta y por tanto sería más entretenida para los visitantes que pagaban por verla. Las autoridades del zoo se vieron obligadas a negar la acusación. Más adelante salió a la luz que el zoo había recibido antes un depósito de 48 millones de dólares, la mayoría del cual había sido gastado en mejoras para las acomodaciones de los visitantes. Los animales, mientras tanto, siguieron encerrados residiendo en recintos de exhibición decrépitos

y estrechos. Los tigres pueden tener un territorio de más de 250 kilómetros cuadrados en sus hábitats de Eurasia. En San Francisco, Tatiana
apenas tenía 90 metros cuadrados en los que rondar. Se sabe que tales
condiciones del cautiverio causan problemas psicológicos: pierden el
equilibrio, caminan incesantemente por la jaula, y padecen de auto-
mutilación. Otra vez más, las autoridades del zoo tuvieron que defenderse. Afirmaron que la tigresa no estaba sufriendo depresión y que el
tamaño de su recinto era más que adecuado. El zoo recibió una mala
noticia más. Llegó cuando se reveló que hubo otros dos intentos de fuga
de animales sólo una semana después del alboroto de Tatiana.

Durante uno de ellos, una osa polar llamada Ulu intentó trepar un
muro, pero volvió cuando la hicieron retroceder con el punzante chorro
de una manguera de bomberos. Un cuidador reconoció discretamente
que Ulu sólo procuró escaparse había hecho esto porque él y otros
habían estado molestando a la osa con dardos exentos de tranquilizantes. En respuesta a este incidente, el director del zoológico siguió el
procedimiento establecido: "A mí no me parece que Ulu haya intentado
escaparse", empezó a explicar. La osa, simplemente, era una osa. Sí, el
zoológico ahora tiene planeado elevar los muros del lugar del recinto de
Ulu, pero no por lo que Ulu hizo. Con total seriedad, los responsables de
RRPP del zoo insinuaron que ese tipo de escrutinio y cuestionamiento
era innecesario, si no vengativo. O sea, que El zoo es la auténtica víctima.

Hay un proverbio africano: "Hasta que el león tenga su historiador, el
cazador siempre será un héroe". Para mí, el significado de este refrán ha
representado un reto durante mucho tiempo, uno que acepté en 1998.
Me acababa de matricular en la Universidad de Toledo (Ohio) para
estudiar con el historiador Peter Linebaugh. Tenía un único propósito:
quería comprender la historia desde abajo. Aquel otoño asistí a un semi-
nario de investigación sobre la Edad Dorada, y el tema sobre el que elegí
escribir fue el Zoo de Toledo. Podría haber terminado siendo la típica
historia: el zoo y sus directores, sus ideas curatoriales y la evolución en
el diseño de las exhibiciones, y una lista de animales. Sin embargo, mi
trabajo con Linebaugh me llevó a ver el material desde una nueva perspectiva. La información que previamente habría obviado o pasado por
alto, ahora se hacía evidente. Más específicamente, me di cuenta de que

los animales cautivos estaban oponiendo resistencia, y aquella resistencia estaba teniendo efecto. El zoo y el circo ya no serían el héroe.

A finales de 2006, decidí abordar el tema de nuevo y, a través de mi investigación la oposición se hizo aún más evidente. Los animales cautivos se escapaban de sus jaulas. Atacaban a sus cuidadores. Exigían más comida. Se negaban a actuar. Se negaban a reproducirse. La oposición en sí misma podía ser organizada. De hecho, los animales no sólo tenían una historia, estaban haciendo Historia, ya que su resistencia conducía directamente al cambio histórico. En el caso de Tatiana, sus ojos brillaban fogosamene aquel día de Navidad. Inspiró a otros y provocó mayores cuestionamientos sobre el cautiverio y la agencia. Los ciudadanos preocupados, los grupos de la defensa de los animales y la Junta de Supervisores de la Ciudad, se vieron involucrados. Incluso el Wall Street Journal publicó un artículo investigando el incidente. Por su parte, el Zoo de San Francisco todavía no se ha recuperado. Sin embargo, nunca debemos olvidar de dónde empieza y termina esta lucha: en los propios animales.

Una anotación sobre las fuentes primarias y secundarias del libro. La gran mayoría de la información provino directamente de los periódicos, tanto nacionales como internacionales. Los documentos gubernamentales locales, estatales y federales aportaron algunos detalles importantes. Los juicios y su correspondiente papeleo proporcionaron un poco más. Las bases de datos en línea aportaban muchos detalles biográficos, en particular la Página de la Orca en www.orcahome.de y la Enciclopedia de Elefantes www.elephant.se. Los escritos de varios coleccionistas de animales del Siglo XIX y principios del XX como Frank Buck, Carl Hagenbeck y Charles Mayer, fueron ciertamente útiles –como lo fueron también las colecciones de manuscritos del Departamento de Historia Local de la Biblioteca del Condado de Toledo/Lucas y del Zoo de Toledo. Bandwagon, el boletín de la Circus Historical Society, me asistió con el largo alcance de sus archivos. También contribuyeron un puñado de libros contemporáneos: Spectacular Nature, de Susan Davis (Berkeley, 1997) Animal Underworld, de Alan Green (NY: 1999). The Performing Orca, de Erich Hoyt (Bath, 1992). The Parrot´s Lament, de Eugene Linden (Nueva York, 1999). Visions of Caliban, de Dale Peterson y Jane

Goodall (Atenas, 2000). The Day They Hung The Elephant, de Charles Price (Johnson City, 1992). Notes from an Underwater Zoo, de Don Reed (Nueva York, 1981).

# CAPÍTULO UNO

# ELEFANTES SALEN
# DE LA GRAN CARPA

Cuando llegó a Regents Park en 1865, el elefante estaba enfer mizo y bajo de peso. Los funcionarios del zoológico quedaron, cuanto menos, decepcionados con su nueva adquisición. Claro que era muy joven, pero era un elefante macho. ¿No debería ser un poco más grande? En cualquier caso, este elefante pequeño necesitaba un nombre. Los directores del zoológico se pusieron a pensar. Como creían que el elefantito fue capturado en algún lugar del interior del Sudan francés, y la cultura allí es conocida por adorar a un ídolo llamado Mumbo Jumbo, ¿por qué no acortar el nombre y llamarlo Jumbo? De hecho decidieron que era el nombre adecuado. Al final llegaría a ser una elección irónica.

En realidad, Mumbo Jumbo no era un nombre bonito para un elefante o cualquier otra criatura. El nombre era despectivo y degradante. Su origen no proviene del léxico de África, sino de la imaginación imperialista europea. Mumbo Jumbo era un ídolo "grotesco," objeto de veneración para incultos. Hoy en día el título mantiene su etnocentrismo negativo, se refiere a palabras y escritos incomprensibles y sin sentido, tonterías, o un ritual ignorante. Sin embargo, la versión abreviada del término Jumbo no lo tiene. Su significado ha fluido en la dirección opuesta, llegando a significar algo grande y enorme con connotaciones de éxito y habilidad. Jumboísmo significa preferencia por la amplitud. Jumbomanía es la idolatría de grandeza. Hace un siglo el mero susurro de la palabra "Jumbo" podía causar sonrisas y aplausos, así como lagrimas, tristeza y recuerdos solemnes. Jumbo continúa siendo una palabra de respeto. ¿Cómo surgió esta divergencia entre la versión más corta y más larga del término?

La historia comienza con la captura de una cría elefante en el este (no el oeste) de África alrededor de 1861-62. Después de un viaje largo y arduo a través del desierto del Sahara, el elefante que se convertiría en Jumbo llegó a los mercados de Cairo en Egipto. Allí fue visto y adquirido por el coleccionista de animales, Johann Schmidt, especialista en el comercio de criaturas exóticas. Las compraba a traficantes por un precio bajo y los vendía a los zoológicos europeos a un precio alto. Así fue el comienzo de una nueva vida para este joven y pequeño elefante.

Schmidt envió su carga a través del Mar Mediterráneo. Al llegar a Europa le transportó por tierra a Paris donde su nuevo hogar resultó ser nada menos que el famoso *Jardín des Plantes*. Pronto tendría una compañera de jaula, una elefante africana que se llamaba, Alice. Pero la pareja no iba a permanecer en la Ciudad de las Luces por mucho tiempo.

Los administradores de la colección francesa de animales salvajes, pronto decidieron que querían añadir un rinoceronte Indio a su colección. Por casualidad el zoológico de Londres tenía uno y estaba dispuesto a hacer un cambio por un par de elefantes. El trato se acordó y enviaron a Jumbo y Alice a través del Canal de la Mancha a Londres donde llegaron en 1865. El elefante macho resultó ser un espectáculo decepcionante. Enfermizo y flaco parecía como si pudiera morir en cualquier momento. Pero en unas pocas semanas llegó a tener un aspecto robusto.

Durante los siguientes diecisiete años permaneció en Londres creciendo en tamaño y popularidad, llegando a medir tres metros y medio de altura y un peso de seis toneladas y media. Este enorme tamaño le valió el titulo del elefante más grande del mundo. En cuanto a su popularidad todo el mundo conocía a Jumbo: desde los miles de visitantes anuales que le contemplaban hasta los innumerables escolares que pasearon montados sobre su espalda en el *howdah* (carro Indio). Incluso la Reina Victoria, Theodore Roosevelt y P. T. Barnum escalaron a la ancha espalda de este poderoso paquidermo. Jumbo era casi tan conocido en las Américas como en Inglaterra. Sin embargo no todo fue tan idílico como pudiera parecer, porque el Regents Park Zoo tenía un serio problema — que mantenía celosamente en secreto al público.

Jumbo siempre fue conocido por su temperamento suave, amable con los visitantes y dócil con los niños. Pero al llegar a la adolescencia su conducta y estado de ánimo empezaron a cambiar. Jumbo tenía su domador personal llamado Matthew Scott, quien ganó su fama como uno de los mejores cuando consiguió atrapar un hipopótamo enojado. El animal se había escapado de su recinto y se estaba desbocando por todo el parque. Cuando Scott lo acorraló, cargó contra él ferozmente. Scott solo sobrevivió al ataque con su cuerpo intacto por saltar una cerca ágilmente en el último segundo. Por el contrario, su nuevo trabajo al principio parecía ser mucho más fácil, cuidando a un elefante manso. Sin embargo, al llegar la década de los 1880, Scott encontraba retos más difíciles ya que Jumbo había entrado en la adolescencia.

Los zoólogos modernos llaman a este periodo del desarrollo: *musth* (palabra Hindi para la locura). Y lo definen como una fase de secreción glandular, niveles muy altos de testosterona y aumento de la excitación sexual. En otras palabras, es un caso de hormonas hiperactivas e incontrolables, también conocido como celo. Sería de esperar que en el campo de las ciencias naturales se hubiera avanzado más allá del siglo XVII y del determinismo biológico. Pero sería en vano. Factores no fisiológicos — como el cautiverio, las malas condiciones laborales, los brutales métodos de amaestramiento o la pesada rutina de actuar cada día no se tienen en cuenta. La madurez intelectual y la independencia mental tampoco se consideran. No existen actitudes rebeldes ni emociones vengativas. La libertad o el deseo de autonomía es algo que el elefante nunca podría imaginar. Que los animales tienen voluntad y consciencia es un concepto que no se contempla.

Pero Jumbo no era científico y desde luego no se veía a sí mismo como una máquina. Su nuevo pensamiento era "resistirse." Tenía ataques de furia, intentaba escaparse con frecuencia y con su cuerpo embestía contra el recinto. En una ocasión, al intentar escaparse de su jaula embistió con sus temibles colmillos las puertas de hierro, lesionándose tan severamente que necesitó cirugía. Matthew Scott supervisó el procedimiento y, como de costumbre, fue capaz de calmar al gigante. Su método más eficaz para calmar los nervios del elefante era suministrarle grandes cantidades de cerveza. Esto incluso se convirtió en una rutina entre los dos: la hora de beber. Una vez el amaestrador se olvidó de dar a Jumbo su ración nocturna de cerveza y el gigante sediento le estrelló contra el suelo. Scott no volvió a cometer ese error. Sin embargo, había ocasiones, más frecuentes con los años que la embriaguez no bastaba para calmar al elefante. Llegó hasta un punto en que los directores de Regent's Park vivían bajo el temor constante de lo que Jumbo pudiera hacer. Tenían tanto miedo que el Director compró un rifle especial para la protección del zoológico y sus empleados. Si se descontrolara completamente, sería asesinado a tiros. Pero justo cuando la situación parecía peor, el zoo de Londres recibió un increíble golpe de suerte.

Al Circo Americano de P. T. Barnum, promovido como el mayor espectáculo del mundo, le faltaba una estrella principal. El Cooper and Bailey's Allied Show, el competidor principal de Barnum, la tenía: el bebe Columbia, el primer elefante nacido en cautiverio en los Estados Unidos, y Barnum había hecho muchas ofertas para comprarla. Pero el Allied Show se negaba a venderla. Así que Barnum eligió la segunda mejor opción, se unió con Bailey y luego siguió buscando a otra gran estrella. Pronto encontró lo que estaba buscando en Londres. Era Jumbo, un verdadero icono con el suficiente poder de atracción como para llenar su gran carpa cada noche de la semana. Barnum ofreció al zoológico $10,000 por el elefante.

Los directores de Regent's Park estaban eufóricos. Jumbo se había vuelto demasiado peligroso y era necesario venderlo. Encima ganaron una gran cantidad de dinero por la venta. El zoológico, sin embargo, no esperaba la magnitud de publicidad negativa resultante. El público británico no estaba conforme con el plan de enviar a Jumbo a los Estados Unidos. Miles de niños escribieron cartas a la Reina en protesta. Se presentaron demandas contra la venta y los periódicos vilipendiaron a los administradores del zoo. Pero el zoo no dejó que la fuerte oposición cambiara su decisión.

En la primavera de 1882, los clientes del zoo fueron en masa al parque para echar un último vistazo a Jumbo. Tal multitud nunca se había visto antes en Regents Park, y el zoo se benefició ampliamente de esta despedida planificada, embolsándose $40,000 en ventas de entradas solamente. Pero el último día llegó y el elefante fue escoltado desde su lugar de exposición a la zona principal del zoo. El plan original era llevar a Jumbo en un gran contenedor y pasearlo por las calles de Londres hasta el muelle del río Tamesis desde donde sería enviado a los EE.UU. Este plan, sin embargo, resultó ser mucho más difícil de realizar de lo que se había pensado. Jumbo se negó a entrar en el contenedor.

Matthew Scott, su amaestrador, probó todos los métodos de su repertorio para convencer al gran elefante de que subiera al contenedor. Pero cada vez que Jumbo se acercaba, se detenía y se tumbaba en el suelo. No había nada que lo moviera. A medida que pasaban los días y crecía el sentido de la vergüenza, la prensa de Londres declaró que el retraso significaba que el elefante no quería marcharse de Inglaterra. Barnum estaba bastante molesto por todo esto, y su agente en Londres se impacientó. Mandaron traer al amaestrador principal del circo. William Neuman, también conocido como *Elephant Bill*, era el amaestrador más brutal y tristemente célebre del circo. *Elephant Bill* no ofreció a los paquidermos un galón de cerveza rubia, su herramienta principal de motivación era una lanza. Nada más llegar a Inglaterra después de su viaje a través del Atlántico, Neuman empezó a reeducar a Jumbo.

Al principio, probó métodos suaves para persuadir al elefante de que subiera al contendedor: mandos verbales, empujones y golpes ligeros, pero ninguno tuvo éxito. Acto seguido, le encadenó sus patas e intentó arrastrarlo. Esa estrategia tampoco tuvo éxito. Jumbo rotundamente se negó a entrar. Entonces Neuman empezó a dar al elefante con su herramienta preferida, la lanza, pero La Sociedad Real para la Prevención de Crueldad contra los Animales intervino y puso fin a las puñaladas. Neuman estaba furioso, tanto por el nivel de vigilancia que nunca hubiera ocurrido en los EE.UU. como por su propia incapacidad de dominar a Jumbo. Hasta se rumorea que Neuman amenazó con disparar al elefante si no encontrara otra manera de enviarlo a Barnum. Al final, no fue necesario usar la fuerza letal. Scott logró convencer a Jumbo de que entrara en el contenedor. Algunos especularon que el propio Scott era en parte responsable del retraso porque quería demonstrar su propia importancia. No obstante, después de encadenar al elefante, los amaestradores tuvieron dificultades otra vez. Jumbo empezó a resistirse de nuevo y ahora estaba luchando con todas sus fuerzas, esforzándose por librarse de las cadenas y sacudiendo las barras macizas del recinto haciéndolas temblar, como si estuviera sobre ruedas. Pero su lucha fue inútil. Ni siquiera el elefante más grande del mundo podría liberarse de tal encarcelamiento. Sacaron a Jumbo de Regents Park y lo transportaron a la costa por el río Tamesis. De allí le izaron a bordo del barco HMS Assyrian Monarch y Jumbo emprendió el tan esperado viaje por el Atlántico.

Jumbo llegó al puerto de Nueva York el Domingo de Pascua. Le hicieron marchar con mucha fanfarria por el centro de Manhattan hasta Madison Square Garden. La temporada del circo acababa de empezar y ya era un miembro de la extravagancia de P.T. Barnum. Durante los próximos años, Jumbo trabajaría mucho para Barnum. Atravesó el país arrastrando sus patas de un pueblo a otro. Viajando en lo que parecía ser un viaje en tren sin fin, siendo cargado en su vagón cada noche y descargado cada mañana.

Jumbo fue emparejado con Tom Thumb, el elefante más pequeño del mundo. Esta pareja tan dispar de paquidermos desfilaban juntos por la pista del circo después de las sesiones de tarde y noche. Eran el último acto. La rutina del circo era muy pesada. La temporada típica duraba ocho meses, de marzo a octubre. Actuaron seis días a la semana dos veces al día.

Cuando tenía veinticuatro años, Jumbo, la estrella más grande del mundo, se había desgastado. Mientras que Barnum y otros habían ganado millones con este elefante, Jumbo personalmente no había ganado nada. Su cuerpo estaba agotado y su vitalidad minada. Apenas se podía acostar. Cuando lograba hacerlo, le era muy difícil volver a levantarse. En privado pensaba Scott que Jumbo no iba a sobrevivir otro año más en el circuito. Pero, otra temporada del circo acababa de empezar. Después de comenzar en Nueva York, el circo de Barnum and Bailey había viajado por Pennslyvania, New England and Maritime Canada. En septiembre estuvieron en Ontario.

Hay varias versiones de los acontecimientos que ocurrieron el día 15 de septiembre de 1885: la noche que Jumbo fue asesinado. Cada una comienza de manera similar. El circo estaba en St. Thomas, una pequeña ciudad ubicada en el sur de la provincia. Había terminado la última actuación. Matthew Scott llevaba a Tom y Jumbo a sus respectivos vagones. Mientras los tres caminaban por las vías, se podía oír el sonido de un tren de carga que se acercaba rápidamente. Es aquí donde las historias divergen.

Una versión cuenta que Scott, heroicamente pero sin éxito, intentó guiar a los elefantes por un terraplén de poca profundidad que bordeaba un lado de las vías. Otra versión cuenta que el amaestrador abandonó a los dos elefantes a su suerte en un intento de salvarse a sí mismo. En ambos escenarios, el primero en ser golpeado por la locomotora fue el pequeño Tom Thumb. Lanzado al aire como una muñeca de trapo, se estrelló contra un poste cercano donde sufrió lesiones graves pero no mortales. Algunos años más tarde le vendieron al zoológico del Central Park en Nueva York donde pasó el resto de sus días.

Jumbo fue el siguiente de ser golpeado por el tren. Hay tres versiones del evento. La primera cuenta que Jumbo siguió a Scott por el terraplén. Pero se aturdió o se quedó asustado por el tren que se acercaba y girándose rápido a las vías fue golpeado por detrás. Otra versión cuenta que corría por las vías buscando un hueco entre la línea de los vagones estacionados en el otro lado. Pero no lo encontró y al volver el tren se estrelló contra él. La tercera versión relata que Jumbo se escapó de Scott y cargó contra el tren, estrellándose contra el motor de la locomotora.

En cuanto a la manera de que Jumbo finalmente murió, esto depende de la versión que a usted le parezca creíble. Algunos dicen que el elefante más famoso del mundo murió casi inmediatamente. Otros han afirmado que sufrió por lo menos tres horas antes de morir. Barnum inventó su propio cuento fantástico: afirmando que Jumbo murió instantáneamente después de sacrificar su propia vida en un intento de rescatar al pequeño Tom Thumb.

A fin de cuentas, ninguna de estas versiones desconocidas o inventadas es importante. Jumbo murió aquel día del otoño. Pasaba su vida trabajando para el zoológico del Regents Park y el Circo de Barnum y Bailey.

Antes de la radio, la televisión o el cine, él era uno de las primeras grandes estrellas internacionales del mundo del espectáculo. De hecho, en los últimos dos siglos se han escrito libros y hecho películas sobre él y se han cantado canciones en su honor. También lleva su nombre un pueblo en Ohio. Lo han utilizado para anuncios y publicidad de innumerables productos de consumo.

Hasta hoy Jumbo sigue formando parte del léxico inglés. Ese pequeño y enfermizo elefante — de quien se burlaban llamándole Mumbo Jumbo- se convirtió en un gran, poderoso y resistente compañero de la vida, uno que sigue siendo digno de nuestro respeto y veneración.

## María

El tren del circo había llegado temprano aquella mañana del martes. El cielo aún estaba oscuro y la terminal ferroviaria acaba de despertar. El lugar era Kingsport, un pueblo minero, polvoriento y escondido entre las ondulantes colinas del este del Tennessee. Debido a su ubicación aislada, el pueblo raramente tenía la oportunidad de ver tan gran espectáculo popular como el que ofrecía el circo. Los residentes del pueblo debían de esperar con mucha emoción este evento.

El circo era propiedad de Charlie Sparks que también era su director. Él lo heredó de su padre John Sparks. Ubicado en el sur de los Estados Unidos, Sparks World Famous Show solía llevar su circo a pueblos pequeños y retirados que normalmente eran ignorados por las grandes empresas, como Barnum y Bailey. El estreno del circo original de Charlie Sparks ocurrió a finales de la década de 1880. Era nada más que un espectáculo con perros y ponys que hacían ejercicios para los espectadores. Sin embargo, durante los próximos veinticinco años el circo se convirtió en un espectáculo de tamaño mediano. El circo ocupaba diez vagones de tren y contaba con numerosos artistas del trapecio, gimnastas, ecuestres y payasos. El Sparks Show también tenía un par de leones y cinco elefantes. Uno de esos artistas era un paquidermo hembra llamada María.

Lo más probable es que esta elefanta había sido vendida o comercializada varias veces antes de llegar al circo de Charlie Sparks. Había nacido en las selvas del sudeste de Asia alrededor de 1886. Fue capturada, vendida y enviada a las Américas. Durante 1889 esta joven y pequeña elefanta ya estaba trabajando para su primer circo. Es difícil seguir su pista después. Circos y casas de fieras ambulantes quebraban con frecuencia. También los circos solían vender a sus elefantes. Y los nuevos dueños a menudo cambiaban sus nombres, sobre todo si el elefante tenía fama de ser rebelde. Ninguna empresa quería bregar con un animal del circo que continuamente se negaba a obedecer, lesionaba a los amaestradores o se escapaba de su confinamiento. Pocos dueños podían permitirse el lujo de soportar esas molestias y riesgos. Así que trataban de venderlos a quienes se especializaban en amaestrar a animales indomables. Si eso fallaba, el circo cambiaba el nombre del elefante e intentaba venderlo a alguien que desconocía la naturaleza del problema o tenía una necesidad urgente de obtener un animal. De cualquier manera, el circo había encontrado la solución. La bestia problemática ya era un problema de otros. Sin embargo, no siempre era tan fácil pasar el problema a otros. A veces un elefante problemático había llegado a ser tan notorio que nadie en su sano juicio se atrevería a adquirir a la criatura. En estas circunstancias el animal era condenado a muerte.

En 1916 María la elefanta era propiedad del Sparks World Famous Show. Era la estrella y Charlie Sparks la promovió como el animal terrestre más grande del mundo. Según la publicidad del circo, María tenía tres pulgadas de altura más que Jumbo y pesaba más de cinco toneladas. Por supuesto, estas afirmaciones eran bastante dudosas. Pero eso era el negocio del circo, una profesión poco honesta en manos de propietarios que solían exagerar sobre cualquier cosa. Sin embargo, la comparación de María con Jumbo fue una estrategia astuta por parte de Charlie Sparks. Incluso los agricultores de tabaco de la zona que eran bastante escépticos se acordaban de las hazañas de Jumbo, y solo por eso compraban entradas. Sería un error subestimar la fama y respecto de que gozaba Jumbo a finales del siglo XIX y principios del XX. En cuanto a María, ella no había logrado tanta fama. No era ni más grande que Jumbo ni pesaba más. Pero aún así el público venía en masa para verla. María era una elefanta poderosa, lo que se demostraría en Kingsport, Tennessee.

La mañana del 12 de septiembre comenzó como siempre en el Sparks Circus. Despertaron a los animales y los sacaron de sus vagones del tren. Algunos fueron cargados en furgones. Pusieron a otros, los caballos y elefantes, a trabajar. Les tocaba a estos últimos remolcar los furgones y llevarlos al recinto del circo como cada pieza del equipo. Montar la gran carpa era la labor más ardua. Hacía falta arrastrar los postes gigantes y fijarlos bien en los sitios correctos y después desdoblar la carpa y colocarlo con precisión exacta. También tenían que tirar cables que se utilizaban para levantar la estructura entera. Efectivamente, sin la masa y fuerza de los elefantes, esa última hazaña habría sido imposible.

Cuando las tareas de la mañana ya estaban hechas, se les permitían a los cinco paquidermos un buen merecido, pero breve, descanso. Como siempre, encadenaron y ataron sus tobillos para que no se les ocurriera intentar escaparse. Les daban agua y heno, su comida normal. Realmente necesitaban la alimentación y descanso porque su día laboral apenas comenzaba. Pronto tendrían que participar en el desfile del medio día. Eso implicaba un cambio brusco en sus actividades, pasar del trabajo físico a entretener al público, esto es: ser vestidos con trajes y desfilar por las calles, circular con los residentes locales, dejar a la gente sacarles fotos, o posar para que les dibujaran, dejar a algunos subirse a su lomo para darles un paseo. Y encima aparentar ser felices.

A continuación, habría dos actuaciones bajo la gran carpa: una a las 2 de la tarde y la sesión de la noche a las 8. Tenían que realizar ejercicios coreografiados, bien ensayados, para los espectadores: arrodillarse a la orden del domador, pararse en sus patas traseras y ponerse en equilibrio sobre un taburete. Al final tenían que formar un gran círculo en el cual cada elefante se apoyaba contra el de delante con sus patas delanteras. Ninguno de esos ejercicios era fácil.

Los elefantes no entienden nada de estas cosas. Los espectáculos de los circos no forman parte de su sociedad o cultura. Ni tienen, por más fuertes y formidables que parecen ser, el desarrollo muscular adecuado para llevar a cabo ese tipo de acrobacia tan difícil. Llevaban meses del entrenamiento riguroso aprendiendo esos ejercicios, y meses para desarrollar la fuerza muscular y la resistencia necesaria. Y encima tenían que sufrir la brutal disciplina y el maltrato del adiestramiento. Abuso verbal, golpes y azotes eran los métodos pedagógicos comunes. Por ejemplo, para enseñarle a un animal a acostarse en el momento justo, Charles Mayer- el amaestrador principal de principios de siglo XX- apuñalaba al animal una y otra vez en el mismo sitio de su cuerpo. Tarde o temprano el animal se acostaría para proteger la herida. Después de hacer eso repetidamente, nacería un ejercicio increíble: la mera amenaza de ser apuñalado hacía que el animal obedeciera la orden.

Por fin el circo embalaría su equipo y a los animales e iría al siguiente pueblo. Tenían que desmontar la gran carpa; volver a cargar todo el equipo y llevar los vagones y furgones de vuelta al tren. Era solo entonces, a altas horas de la noche, cuando el largo y exhaustivo día por fin llegaba. Desafortunadamente, otra mañana se acercaba.

Sin embargo, de vez en cuando los elefantes lograron un alivio de su rutina tan monótona y pesada. A veces un entrenador los llevaba a dar un paseo por un campo cercano, o les dejaba explorar un bosque o caminar por un camino rural. Si tenían suerte descubrirían un estanque o un buen trozo de fango. El propósito de esos recreos era simplemente darles un descanso del circo para que pudieron ver el campo, respirar el aire fresco, y sentir un poco del estimulo de la naturaleza. Irónicamente, fue durante uno de esos paseos relajantes en Kingsport cuando María optó por rebelarse contra su amaestrador. Un testigo describió la escena.

Mientras caminaba por Kingsport, María vio una sandía. Eso debió despertar su curiosidad y se detuvo para coger un pedazo. Esa interrupción de la caminata fastidió al amaestrador. Le dio a la elefanta con un palo largo y le ordenó a gritos seguir caminando. María le ignoró y continuó masticando la sandia. A algunas de las personas que observaban la escena les pareció muy cómico y empezaron a reírse. El amaestrador se sintió avergonzado. Gritó furiosamente a María y le dio un golpe violento en la cabeza. Este acto impetuoso resultó ser poco inteligente.

María agarró al hombre con su trompa, lo levantó en el aire y lo lanzó contra la pared de una choza cercana. Lo hizo con tanta fuerza que el hombre traspasó la pared. El golpe del cuerpo cuando cayó y los sonidos de la madera y los huesos rompiéndose dejaron a los espectadores en un estado de shock. ¿Se habría muerto el hombre? ¿Seguiría vivo? ¿Habría alguien que se atreviera a ayudarle? Pero María puso fin a todas estas especulaciones; caminó tranquilamente hacia su amaestrador y le pisó la cabeza. El grupo de gente se dispersó.

Tal vez fuera la intencionalidad del ataque de María, o tal vez la aparente frialdad de su conducta, pero cualquiera que fuera la causa, los buenos ciudadanos de Kingsport querían sangre. No parecía importar a la gente del pueblo no conocer al fallecido. Un elefante había matado a un ser humano y eso era razón suficiente para justificar su ejecución.

María debería morir. Pero Charlie Sparks no estaba dispuesto a dejar que su mejor atracción y principal fuente de ingresos desapareciera. La elefanta valía varios miles de dólares. Por lo tanto, Sparks hizo todo lo posible para calmar la ira del público y convencer a los residentes que cambiaran de opinión. Por el momento María estuvo al salvo.

Mientras la noticia de la muerte del amaestrador circulaba por todo el condado y estado, el clamor por una represalia violenta aumentaba. Un periódico del este de Tennessee la llamó a María, "María la Asesina." Los residentes de varios pueblos declararon que los próximos espectáculos del circo quedarían cancelados si se dejara que "la asesina de hombres" fuera incluida. Circulaban rumores de que venían grupos de gente que querían linchar a María y que iba a intervenir la fuerza policial y el gobierno del estado — cada grupo buscando su propia versión de una ejecución sumaria. Cuando el circo llegó al pueblo de Erwin la mañana del 13 de septiembre, la presión por la venganza se había intensificado. El dueño del circo fue compelido a tomar una decisión difícil. María sería ejecutada después de la sesión de la tarde. Eso fue el día que el folclorista Charles Price escribió, "Ahorcaron al elefante."

No fue la primera vez que un elefante fue ejecutado de tal manera. Sólo tres décadas antes, Carl Hagenbeck — el padre del zoológico moderno — firmó una "sentencia de muerte" para un animal que por poco le había matado. "Ese monstruo," exigió, "hay que ejecutarlo." Primero, Hagenbeck intentó llegar a un acuerdo con un cazador inglés quien, a cambio de una buena recompensa, tendría el placer de matar al elefante a tiros. Por alguna razón, el acuerdo no se logró. Así que Hagnebeck y su equipo ahorcaron al elefante. Otro elefante, Columbia, sufrió la misma suerte. Ella fue la primera elefanta que había nacido en cautiverio en los Estados Unidos. Era la elefanta al que P.T. Barnum tanto codiciaba. Pero tuvo que conformarse con adquirir a Jumbo y la pequeña Columbia siguió siendo el orgullo del circo del Cooper y Bailey. Esa relación amable, sin embargo, no duró por mucho tiempo. Según Charles Mayer, cuando cumplió dos años, Columbia había llegado a tener una "actitud desagradable." Cuando tenía siete años, golpeaba a sus guardianes. A los ocho años la "mantenían restringida." Algunos años después, Columbia también fue ahorcada.

Otro elefante ejecutado fue Topsy. Tenía treinta y-seis años cuando le condenaron a la horca. Responsables de Luna Park hasta hicieron construir un patíbulo para el espeluznante evento. Pero la Sociedad para la Prevención de la Crueldad contra los Animales intervino y exigió que se utilizara un método más humano. Así que optaron por electrocutarla. Topsy había llegado a la ciudad de Nueva York desde un circo, pero después de matar a tres amaestradores en tres años, la vendieron al Brooklyn Boardwalk. El cambio de lugar no mejoró ni su situación ni su comportamiento. Resultó que su amaestrador era un borracho quien había sido arrestado dos veces por haber maltratado físicamente a un elefante. Así que a Topsy no le quedó más remedio que seguir resistiendo. Al final, cargó contra un grupo de trabajadores italianos que trabajan en la construcción. Una semana más tarde unos electricistas de la empresa de Edison llegaron al parque y empezaron a montar un aparato para su ejecución. Desde hacia tiempo Edison utilizaba la Corriente Alternativa (CA) como método de matar animales con el fin de arruinar el negocio de su archirrival, George Westinghouse. CA era el método que utilizaba Westinghouse para suministrar electricidad. Edison utilizaba Corriente Directa (CD). La publicidad negativa de esas ejecuciones llevadas a cabo utilizando CA (es decir el peligro aparente de esa corriente) podría arruinar la reputación de cualquiera. La tarde del 4 de enero, los verdugos del Edison sujetaron electrodos a las patas del elefante. A las 14:45 horas accionaron el interruptor. "Hubo un poco de humo durante un instante," comentó un periodista del New York Times. "Topsy levantó su tronco como si quisiera protestar, tembló, se dobló de rodillas y después se cayó y rodó sobre su costado derecho quedándose inmóvil. Dos minutos más tarde la declararon muerta.

Una década más tarde, el 13 de septiembre de 1916, María, la elefanta, se quedó fuera del programa de la tarde. La llevaron junto con otros elefantes al terreno del ferrocarril adyacente. Solo iban a castigar a María, pero la llevaron con ese grupo para que no sospechara. Pensaban que era mejor prevenir que curar. Al llegar al sitio, la separaron de sus compañeros del circo y la sujetaron para que no se escapara. Y allí se quedó esperando su destino.

No se sabe con certeza como se eligió el método de la ejecución. Según la leyenda del evento, habían considerado varios métodos: envenenamiento, electrocución; y se decía que hasta pensaban en descuartizarla, atándola a dos trenes de vapor que la tirarían en direcciones opuestas. Sin embargo, sabemos cuál fue la decisión final. María iba a morir ahorcada. Porque todo esto ocurrió en el sur donde el linchamiento era la forma de castigo común para los que se atrevieran a resistirse al poder y privilegio del hombre blanco. De hecho, unos testigos del evento juraron que también habían ahorcado a uno o dos hombres negros en Erwin aquella misma tarde. Pero para María la Poderosa una cuerda y una rama no bastarían. Hacía falta un mecanismo mucho más grande y fuerte. Al final, utilizaron una grúa industrial para la faena.

Cuando ya habían colocado a María debajo de la grúa, estaban reunidos 3.000 hombres, mujeres y niños alrededor de la zona del ferrocarril. Esa multitud se hizo mucho más grande que toda la población del pequeño pueblo de Erwin. Al parecer, todo el mundo que vivía en las cercanías quería ver la ejecución de ese elefante infame. Ninguno quedaría decepcionado.

Se puso en marcha la grúa y un cabrestante bajó un cable de metal pesado. En el extremo del cable había una cadena, la cual se colocó en torno al cuello de la elefanta. Un motor de vapor empezó a rugir y remolcar a María hacia arriba. Pero ella no iba a rendirse sin luchar. A medida que la soga se tensaba y la seguía levantando, comenzó a luchar y torcer su cuerpo. El cable, que no podía soportar el peso y la tensión, se rompió y María cayó al suelo con un ruido ensordecedor. A los espectadores les entró pánico —la elefanta asesina se había liberado. ¿Cargaría contra ellos, contra sus amaestradores, o atacaría al aparato de la ejecución hasta destrozarlo? En realidad, María no era capaz de tomar represalias. Su cadera se había roto, resultado de la caída. Estaba desplomada en el suelo, totalmente inmovilizada y con un dolor agonizante. Debió haber sido un espectáculo lamentable. Pero sus amaestradores se quedaron indiferentes. Arreglaron la soga y volvieron a sujetarla. María ya no era capaz de librarse. Los espectadores, ahora felices, se acomodaron de nuevo a mirar como la elefanta se asfixiaba.

## Janet

Janet era una elefanta hembra nacida en 1965. Había sido capturada en los bosques tropicales de Asia donde fue separada de su madre y su manada y finalmente enviada a los Estados Unidos. Una vez allí la metieron en un circo donde trabajó toda su vida, principalmente dando paseos a niños y adultos. Pero un día, mientras cumplía sus labores, se colmó la gota que llenaba el vaso. En 1992 Janet trabajaba para el Great American Circo, un circo de tamaño mediano con sede en Sarasota, Florida. Ella había sido propiedad de este circo desde que llegó a los Estados Unidos, casi veinticinco años antes. Ya estaba bastante desencantada con el circo y el trabajo. Así que en febrero de ese año, mientras actuaba en la ciudad de Palm City, Florida, todo se desmoronó.

Janet estaba dando paseos a un grupo de niños escolares dentro de la gran carpa en el escenario principal, mientras una multitud de unas 1.000 personas observaban y se maravillaban del espectáculo. Pero su placer pronto se convirtió en temor cuando Janet se empezó a resistir a las órdenes de sus amaestradores. Empujó con todo su peso contra la barrera de acero que separaba al público de la pista y derribó las plataformas de las cuerdas del trapecio que se hundieron con un fuerte ruido. Un amaestrador intentó calmar a la elefanta pero ella le empujó bruscamente al lado. De repente apareció un policía quien también se metió en medio. Se enfrentó con Janet, pero ella le levantó con su trompa y le arrojó fuertemente contra el suelo de cemento. En tanto quedó atondado y magullado, ella le agarró de nuevo y le colocó justo debajo de su pata. Le iba a pisotear. Sin embargo, varios guardianes del circo le salvaron en el último momento. Janet aprovechó la oportunidad, cargó contra la barrera y rápido estuvo en el lado de los espectadores. Le fue fácil pasar entre la multitud histérica y se escapó de la arena.

Cuando estuvo fuera, se dirigió hacía ciertas personas. Hay que recordar que los elefantes raramente olvidan: sea de una cara o una ofensa. Persiguió a un empleado y le aplastó. En el medio del caos y el mar de las personas histéricas, vio a otro atormentador que procuraba escaparse. Le cogió y le tumbó. Janet estaba enfadada, y no era la única.

Alex Gautier, el mundialmente famoso amaestrador del Circo de Ringling Brothers y Barnum Bailey, fue pisoteado hasta morir en mayo de 1993. Era un veterano de treinta y cinco años, descendiente de seis generaciones de maestros del circo. Había desarrollado ejercicios muy elaborados, tal como persuadir a los elefantes de caminar de lado sobre sus patas traseras. Gautier estaba disfrutando de un año sabático del "Greatest Show on Earth" y decidió visitar los centros privados en Williston, Florida, donde criaban a los animales. Este centro — como los criaderos zoológicos — se establecieron a consecuencia de las leyes y regulaciones que habían sido aprobadas para controlar la exportación de los elefantes de países extranjeros. Esas nuevas leyes impedían el fácil acceso que antes tenían los zoológicos y circos de conseguir animales para sus negocios. Necesitaban una nueva fuente. Así que surgieron por todo el país programas de cría y "centros de conservación." Volviendo a Gautier y su visita al centro de Ringling, él entró solo a un corral que contenía un grupo de elefantes. Es casi seguro que algunos de los que allí estaban los había conocido o amaestrado. En cualquier caso, los elefantes lo tiraron al suelo y lo pisotearon repetidamente. Gautier murió de heridas internas. El circo sostuvo que fue un accidente lamentable, pero no reveló ningún detalle sobre lo que había ocurrido. Doce años después, otro amaestrador veterano visitó el lugar y también fue pisoteado por los elefantes.

En 1994 una elefanta llamada Sue del Jordon Circus dio una paliza a dos amaestradores. Eso ocurrió cuando llevaba a dos niños montados en su lomo. Agarró a un amaestrador con su trompa y le lanzó al aire. El hombre aterrizó con un gran golpe. Sue tranquilamente se acercó a él y le pisoteó repetidamente. Le rompió el brazo, las costillas hechas añicos y algunos órganos internos con graves daños. Entonces ella se dirigió hacía la otra empleada. La tiró al suelo y le dio una paliza de muerte. Solo dos años después de ese incidente, en el centro del estado de Wyoming, ella se enfrentó violentamente con otra amaestradora. Al ser interrogado por un periodista local, el portavoz del circo negó que se tratara de un ataque. La elefanta, mientras daba un paseo a seis niños, "se espantó" al ser sorprendida por un caballo y dio marcha atrás, así empujando ligeramente a la domadora. Los espectadores del suceso ofrecieron una versión distinta. Contaron que la elefanta había cargado contra la mujer, golpeándola con su cuerpo. Luego la pateó una y otra vez. Cuando la mujer intentó escaparse, Sue la atrapó y siguió castigándola.

En febrero de 1995, después de un espectáculo del Circo Tarzan Zerbini, un amaestrador fue pisoteado al intentar cargar a una elefanta en un remolque. Responsables del circo aseguraron a la prensa que se trataba de un inesperado percance, que el hombre se había deslizado bajo la elefanta simplemente. Sin embargo, de acuerdo con una demanda posterior, el pateo no fue un accidente. El ex-amaestrador detalló como el animal intencionalmente le había tirado al suelo y pisoteado no una sino dos veces. Declaró que el elefante intentó matarle. Diez años después, ocurrió otro enfrentamiento entre un amaestrador de Tarzan Zerbini y un elefante dentro de un remolque. De nuevo el circo defendía su inocencia: el hombre se había caído; "no fue una agresión por parte del elefante, le pisoteó por curiosidad." Al final, como el demandante había muerto a consecuencia de sus heridas, no hubo demanda legal.

In abril de 1999, otro amaestrador de Tarzan Zebrini fue atacado. Esta vez una elefanta se liberó de sus grilletes y fue tras él. Le tiró al suelo y le golpeó la cara, tórax y pelvis. ¿Por qué sucedió esto? El circo se negó a hacer declaraciones. Sin embargo, un miembro del equipo de los servicios médicos de urgencias, señaló que el herido apestaba a alcohol. Otro empleado del circo explicó en secreto que los paquidermos "habían sido amaestrados desde el principio por borrachos y habían sido cruelmente golpeados, y como consecuencia no les gusta el olor de alcohol en las personas." Una importante lección para recordar.

En enero de 2000, una asociada del Circo Ramos murió aplastada por una elefanta en la sede del circo en Florida. Kenya, una elefanta de once años, había logrado romper su cadena de la pata y deambulaba libremente. Si bien, algunas personas pueden conocer los ríos, los elefantes conocen las cadenas: ya que a menudo están atados durante quince, dieciséis, o incluso más horas al día. De todos modos, esta elefanta ahora andaba suelta y se dirigía hacía un miembro de la familia Ramos. Kenya la golpeó y la pisoteó. Después, se quedó mirando a la ex-acróbata mientras ésta luchaba por ponerse de pie. Cuando se hubo incorporado, Kenya la tiró de nuevo y la mató a golpes. Poco después, Kenya se reunió con ella en el más allá — porque Kenya también murió. Las autoridades del condado sospecharon juego sucio. Alguien la había envenenado.

En 2006 en Marlborough, Massachusetts, Minnie, una elefanta de treinta y siete años de edad, estrelló a un par de amaestradores contra una pared. Los dos quedaron gravemente heridos. Un portavoz explicó que la elefanta, mientras llevaba a un grupo de niños, cambió su posición y accidentalmente se topó con los domadores. Algunos visitantes lo contaron totalmente distinto. Ellos dijeron que había pinchado a Minnie cerca de su ojo con una picana. "La gente piensa que el animal se había vuelto loco, pero un testigo indicó que la habían provocado". La elefanta solo "intentaba defenderse." Varios años antes en la feria del estado de Nueva York hubo un altercado similar en el cual también estaba implicada Minnie. Ocurrió al final de un largo día de trabajo llevando pasajeros. Minnie arrojó a su amaestrador al césped, le dio una patada, y luego le pisoteó. Este ataque no solo dejó una gran huella de la pata de Minnie en el cuerpo del hombre, sino también una impresión imborrable en su mente.

Curiosamente, los científicos creen que han identificado la causa principal de este tipo de comportamiento en los elefantes macho (es decir, musth), pero muchos se han quedado perplejos de por qué ocurre esto en las hembras. Durante muchas décadas, la mayoría pensaba que los elefantes hembras no tenían la capacidad de actuar de una manera tan agresiva. Parece que el sexismo no solo afecta la manera en que los biólogos se ven entre sí, sino también la forma en que ven a los otros animales. En otras palabras, mientras que mucha gente ha inferido (el más infame siendo el ex-presidente de la Universidad de Harvard, Larry Summers) que los hombres se adaptan mejor a la disciplina de la ciencia que las mujeres, debido a niveles intelectuales innatos, la ciencia también ha conceptuado a los animales de la misma manera, sobre todo cuando trata de casos de resistencia. Siempre se ha creído, y sigue creyendo, que los animales hembras son incapaces de resistirse de una manera significativa o eficiente. Al contrario, las hembras son, por su naturaleza e instinto, tiernas, placidas y obedientes. Tal vez los biólogos tratarán esta cuestión en algún momento del futuro. Por supuesto, probablemente nos dirán que esa clase de comportamiento femenino no es más que una variante del síndrome premenstrual.

Volvamos a Janet y la ciudad de Palm City, Florida. Un visitante sacó una foto que captó a la elefanta esprintando por el paseo central del circo mientras llevaba a un grupo de niños aferrados a su espalda. Finalmente, los empleados del circo llegaron a rodearla y recuperar a los asustados jóvenes. Luego dos amaestradores intentaron meter a la elefanta rebelde al remolque. Pero Janet no quiso.

Agarró a uno y le lanzó veinte metros al aire. Agarró al otro también le lanzó alto por el cielo. Cuando terminó con ellos, estrelló su voluminoso cuerpo contra el tráiler dentro del que había pasado tanto tiempo encerrado. A continuación, según un testigo, "la elefanta agarró la picana (de uno de los amaestradores que se había caído) y la lanzó contra el tráiler. Luego la tiró al suelo y echó a correr." Esa picana, también conocida como un gancho de toro o un pincho para elefantes, es la herramienta principal utilizada para amaestrar a los elefantes. El propósito de la misma es infligir dolor y obtener sumisión. Dominan con terror a los elefantes. Janet los odiaba, tanto la picana como al que la blandía.

Solo dos años antes un elefante del Great American Circus, posiblemente Janet, aporreó a un amaestrador durante un show en Pennsylvania. Más tarde algunos espectadores detallaron que el animal se había negado a obedecer una serie de instrucciones solo unos segundos antes del ataque. Reaccionando, el domador empezó a golpear al elefante con la picana en el ojo y el oído del lado izquierdo y luego enganchó su boca con la punta afilada de la picana. Generalmente, los circos mantienen bien oculto este tipo de violencia correctiva hacia los elefantes, pero en raras ocasiones pasa delante del público.

Eso es lo que pasó en septiembre de 1994, cuando Mickey, un elefante de quince años, que trabajaba para el King Royal Circus, se negó a hacer un ejercicio durante un show en Lebanon, Oregón. El amaestrador le gritó y le picó en el cuello con el gancho de toro, dejando al elefante sangrando y a los espectadores horrorizados. Algunas personas llamaron a la policía. Después del espectáculo detuvieron al hombre y le encarcelaron. Respondiendo a ese acto brutal, la directora del King Royal dijo furiosa que, "esos animales pueden convertirse en asesinos. Lo que me gustaría hacer con estos manifestantes es poner al más manso de nuestros elefantes en sus jardines durante una hora. Así podrían ver la destrucción que uno de esos bichos puede infligir."

En cuanto a lo ocurrido en el paseo central del Great American Circus en Florida, el dueño del circo llamó a la policía. Cuando llegaron, sacaron sus armas mientras una multitud que rodeó el lugar miraba. "Todos estaban gritando," recordó un espectador. "Decían que no deberían disparar a ese animal." La gente estaba a favor del elefante en este caso y no del circo. Desgraciadamente, la policía no hizo caso a la opinión pública y abrieron fuego: dispararon cuarenta y siete veces. Janet cayó bajo la lluvia de balas. Yacía prostrada en el suelo, sangrando profusamente, pero aún viva. Quince minutos después, un policía con balas de mayor calibre la remató. Llevaron el cuerpo de Janet al vertedero local descargándola sin el menor respeto.

## Debbie y Frieda

Debbie y Frieda solo en dos meses perpetraron toda una vida de problemas. Ese par de elefantes se escaparon dos veces. Causaron pérdidas por valor de decenas de miles de dólares en daños materiales. Provocaron pleitos y mala publicidad. Asustaron a funcionarios de la ciudad y volvieron locos de frustración a los del Clyde Beatty-Circus. Al final, Debbie y Frieda ya no eran bienvenidas. Posteriormente, las echaron del circo y se vendieron a la infame empresa que comercializaba con animales, Hawthorn.

El conflicto empezó en mayo de 1995. En la semana que el circo estaría en Hanover, Pennsylvania, los amaestradores estaban nerviosos. Por lo visto, porque los elefantes se mostraban irritables y fastidiados. Algunos especularon que su mal humor se debía a la superficie del aparcamiento del centro comercial de North Hanover donde los tenían alojados, que el asfalto molestaba sus pies. Otros opinaban que los amaestradores estaban demasiado nerviosos ya que los elefantes habían trabajado en ese tipo de superficie anteriormente sin problemas. En cualquier caso, los administradores del circo deberían haber estado más atentos a la situación.

El viernes 19, los elefantes estaban esperando entrar a la gran carpa cuando dos de ellos se separaron del grupo. Escaparon corriendo de sus entrenadores y lograron pasar por la valla de protección. Fueron Debbie y Frieda y se encontraron en medio del aparcamiento. Los coches eran sus nuevos obstáculos, aunque para un elefante maduro, los coches no representaban un desafío serio. Las dos se abrieron paso entre los vehículos, pisando y aplastando seis de ellos. Cuando llegaron a un centro comercial cercano, se abalanzaron contra una ventana de cristal de Sears Auto Center, estrellándose. Después de haber causado todos los daños posibles, decidieron abandonar el lugar deambulando hacia un lugar con árboles. Finalmente, los amaestradores los encontraron y los llevaron de vuelta a sus tráileres.

Al tratar de explicar el alboroto a los Medios que preguntaban por lo ocurrido, un portavoz de Clyde-Beatty culpó a un motorista. Explicó que era una bocina que había asustado a los elefantes. Un coche estaba demasiado cerca de la carpa y cuando el conductor tocó el claxon, los elefantes se espantaron. Los testigos, sin embargo, no creyeron esa historia. Dijeron que sí, había sonado una bocina un poco antes de que Debbie y Frieda huyeran, pero que eso no fue la razón por la que se dieron a la fuga. Relataron que los amaestradores estaban conduciendo a los elefantes hacia la gran carpa golpeándoles brutalmente con ganchos de toro. Esa violencia, afirmaron los testigos, fue el verdadero motivo del enojo y la fuga de Debbie y Frieda.

Clyde-Beatty eligió ignorar las pruebas. Reiteraron que las elefantas se asustaron por el ruido del claxon del motorista. Simplemente tuvieron miedo, así que fue solo un accidente. Además, aseguró que esos episodios lamentables eran muy insólitos. Escapadas así casi nunca suceden.

Sin embargo, el público no sabía que una de esas elefantas, Frieda, tenía una larga historia de resistencia. Una década antes, ella había atacado a un visitante en Atlantic City, New Jersey, cuando le sopló dentro de su trompa. Poco después, mató a una mujer borracha en un centro comercial de New London, Connecticut. Al parecer, los problemas llegan de dos en dos. Y así ocurrió de nuevo en 1995.

El 10 de julio, apenas unos meses después del incidente en Hanover, la situación de Debbie y Frieda empeoró. Esta vez, el Clyde Beatty-Circus estaba en Forest Park, Nueva York y la pareja se escapó durante un show. Los espectadores miraban maravillados uno de los ejercicios rutinarios de elefantes bien ejecutado y de repente la gran carpa estaba sumida en el caos. Debbie y Frieda corrieron hacia las salidas. Algunas familias intentaron hacer lo mismo. Irónicamente, mientras las dos elefantas salieron con relativa facilidad, las familias no lo tenían tan fácil. A la gente le entró el pánico. Empezaron a empujarse unos a otros y muchos niños se cayeron al suelo. Mucha gente fue pisoteada. Muchos se hirieron. Pero en cuanto a Debbie y Frieda, ya estaban fuera explorando el barrio de Queens.

Si bien se dice que los neoyorquinos han visto todo, este alboroto paquidérmico fue, sin duda, una novedad para la mayoría. En una ciudad donde una persona desnuda predicando sobre el amor de Jesús apenas provocaría curiosidad, la aparición de dos elefantes gigantes en estampida por la calle mereció la mayor expectación. Muchos residentes locales se detuvieron y miraron boquiabiertos. Otros señalaban exclamando palabrotas. Hasta hubo dos motoristas que se quedaron tan hipnotizados por el espectáculo que chocaron sus maquinas. Pero pronto la emoción se desvaneció. Capturaron a las elefantas devolviéndolas al circo.

Respondiendo a otra ronda de preguntas de los Medios y la crítica del público, Clyde-Beatty decidió dar un enfoque más directo. Reconoció que estas fugas eran un problema grave y que esas dos elefantas rebeldes eran cada vez más difíciles de controlar. "Lo hicieron una vez y pensamos que era un incidente aislado," dijo un portavoz. "Pero lo hicieron de nuevo y ahora ha llegado a ser un hábito." Algunos críticos opinaron que la industria de los circos necesitaba hacer algunos cambios. Hacia falta evolucionar, desarrollar nuevas ideas y dejar de una vez de utilizar a los elefantes. Sin embargo, Clyde-Beatty no tenía interés en esas sugerencias, al igual que la industria de los circos en su conjunto. Querían seguir con el estatus quo. La consecuencia de esa actitud seria para los próximos años una serie de fugas espectaculares de máxima audiencia.

Por ejemplo, en 1999, Luna, una elefanta de quince años, se escapó durante un espectáculo de Royal Hanneford en Poughkeepsie, New York. Según uno de los espectadores, "se volvió loca." Huyó del escenario y rompió las barreras perimetrales. Llegó a subir hasta el segundo nivel de asientos. Sorpresivamente, no solo resultó que la base de los asientos aguantó su enorme peso sino que tampoco hubo heridos graves.

Unos meses más tarde, Kamba, una elefanta de África de veintiún años alquilada de Elephant Encounters (una empresa que comercia con elefantes) salió caminando de un show en la Feria Estatal de Texas. Kamba logró salir del recinto ferial y llegó a las calles de la ciudad. Al principio, los amaestradores intentaron persuadirla para que volviera ofreciéndola comida. Sin resultado. Entonces intentaron engatusarla. La empujaron y arrastraron. Luego, la golpearon y apuñalaron. Al final la encadenaron a un camión grande y la arrastraron de vuelta al recinto ferial. Pero aun allí los problemas siguieron. Ella se negó a subir a su tráiler. Otra vez los amaestradores intentaron todo, pero Kamba les ignoró obstinadamente. Prefería merendar un montón de hojas y deambular por el recinto. Kamba iba a ser quien decidiera el momento de volver al remolque.

En 2000, les tocó a Barbara y Connie. Estas dos veteranas trabajaban para el Culpepper y Merriweather Circus. Ellas se escaparon de su tráiler. Connie abrió el camino y Barbara la siguió de cerca. Un amaestrador se puso delante de Barbara y le gritó que se parara. Fue atropellado. Posteriormente, los directores del circo aseguraron a los medios que Barbara se sentía "asustada" y que el amaestrador se había caído. Sin embargo, unos testigos declararon a la prensa que el hombre definitivamente fue "pisoteado." En cualquier caso, esas elefantas disfrutaron de su tiempo libre y exploraron el pueblo del desierto de Yucca Valley, California.

Dos años después, otro par se escapó de un circo. Fueron Mary y Tory, dos elefantas de Asia, veteranas descontentas del George Carden Show. Lo hicieron con el circo a tope de espectadores en Stout, Wisconsin. Decidieron marcharse y salieron a toda velocidad de la pista por la puerta de la carpa. Capturaron a Tory antes de que pudiera salir del recinto ferial, pero Mary logró caminar dos millas. A lo largo de su caminata pudo ver la ciudad de Stout y el campus de la universidad local. Pero las autoridades no apreciaban esa improvisada excursión. Al final atraparon a Mary con camiones de bomberos municipales que bloquearon su paseo.

Tonya también fue una elefanta que logró escaparse. Lo había hecho cuatro veces entre 1996 y 2002. Lo hizo la primera vez en York, Maine, en un parque de animales salvajes. Se fugó la segunda vez cuando trabajaba en un circo en Mentor, Ohio. Lo hizo la tercera vez cuando estaba en Washington, Pennsylvania. Su última escapada ocurrió en Easley, South Carolina. Allí, mientras la estaban cargando en su remolque después de un show, se escapó y se fue corriendo hacia un bosque cercano. Solo después de un gran esfuerzo, las autoridades pudieron encontrarla y entraparla. Pero Tonya seguía siendo "reacia a rendirse."

En cuanto a nuestra pareja original, Debbie, que tenía veinticuatro años y Frieda, veintinueve, fueron confinadas en aislamiento. Los propietarios de Clyde-Beatty estaban hartos de tener que bregar con los problemas que ellas causaban y decidieron que la mejor solución era quitarlas de en medio. Había que venderlas. Necesitaban encontrar un comprador, una tarea a veces difícil de lograr. Pero con paciencia encontraron a uno que tenía ganas de adquirir a las dos: el Hawthorn Corporation.

Hawthorn está ubicada in Richmond, Illinois, una pequeña ciudad en el noreste del estado. Es una empresa contratista propiedad de John Cuneo, Jr. Sus servicios principales son de arrendamiento, amaestramiento, y entrenamiento. Sus clientes incluyen circos, zoológicos, y otras empresas que ofrecen entretenimiento de animales vivos para el público. Los contratistas son los propios animales. A mediados de la década de 1990, la empresa empleaba diecinueve elefantes, un león y ochenta y cuatro tigres — todos disponibles para alquiler por semana, mes o año. La industria de entretenimiento prefiere y se beneficia de esos contratos temporales. Los circos ya no se hacen cargo de los gastos por amaestrar a los animales o cuidarlos durante la temporada baja. Tampoco se responsabilizan por su bienestar físico y psicológico. Las ferias pequeñas tienen más flexibilidad programando sus exhibiciones. Consiguen a los animales que necesitan de un momento a otro y se deshacen de ellos de igual manera.

Esa manera de hacer el negocio también beneficia a Hawthorn. Los animales están fuera tanto tiempo como es posible. Así que la supervisión que les toca hacer es poca. En sus centros privados, los costos son reducidos al mínimo posible. Por ejemplo, los elefantes están encadenados las veinticuatro horas dentro de unos establos espartanos y reciben pocos alimentos de calidad, saneamiento adecuado, o atención médica. Todo eso maximiza los beneficios de la empresa.

A este mundo llegaron Debbie y Frieda al principios de 1996. Cuneo, por su parte, no perdió tiempo en sacar beneficios de sus nuevas adquisiciones. De inmediato les sometió a rondas de amaestramiento y después les envió al circo, pero separadas. Cuneo no era ningún tonto. En los próximos años, Frieda se quedó tranquila, pero Debbie volvió a aparecer en las noticias. En octubre de 2001, ella y otra elefanta causaron un gran disturbio durante un show del circo Vasquez en Charlotte, North Carolina que tuvo lugar en una iglesia. Tal vez fuera un sacrilegio, pero estas dos elefantas casi acaban con el lugar.

## Tyke

En agosto de 1994, la ciudad de Honolulu presentó su último circo. Fue un evento inolvidable porque ese día llegó Tyke, la elefanta. Tenía veintiún años. Tyke, por lo visto, ya no aguantaba a su jefe, el Hawthorn Corporation. Estaba cansada de ser arrendada a los circos y carnavales, harta de las pésimas y peligrosas condiciones laborales. No podía seguir sufriendo el amaestramiento abusivo, las palizas rutinarias, lesiones y heridas que seguían sin tratar y la falta de atención médica básica. Sobre todo, no podía aguantar la necesidad de estar de viaje constantemente y la obligación de hacer un show día tras día.

Tyke nació en África en 1973. Igual que casi todos los elefantes que aparecen en este capítulo, era solo un bebé cuando fue capturada y enviada a América del Norte para trabajar en la industria del espectáculo. Mientras que antes esta pequeña elefanta tenía una madre, ahora no tenía ninguna. Antes tenía una familia, pero ahora vivía confinada con desconocidos. Lo que tenía era un amo, John Cuneo. Y el trabajo. Iba a pasar toda su vida trabajando en el circo. Una vida que terminó trágicamente en Honolulu, Hawái.

Tyke había sido arrendada al Circo América, una empresa para la que había trabajado anteriormente. En esta gira el circo había viajado lejos, a las islas de Hawái en el Pacifico. El viaje desde el continente debió haber sido difícil y los animales no podrían haberse sentido contentos. De hecho, solo sirvió para exacerbar una tensión que fue en aumento entre los paquidermos y los amaestradores.

Poco tiempo después de cruzar el Pacifico, una elefanta llamada Elaine, se volvió agresiva durante un show e hirió a una familia que estaba entre el público. Según los testigos, ocurrió cuando ella estaba haciendo su rutina en la pista. Parece ser que ignoró una orden, lo que visiblemente molestó a su amaestrador. "Gritaba con una voz airada, muy cruelmente," explicó un testigo. Justo después — ¡Zas! Elaine salió corriendo y se estrelló contra la valla protectora que separaba al público de los animales. Una sección de la baranda se dobló y se desplomó bajo su peso, cayendo encima de una familia de diez personas. El padre, la madre y los ocho hijos quedaron atrapados hasta que los amaestradores lograran calmar a Elaine y pudieran sacar la pesada valla. Esto debía haber sido una experiencia aterradora para la familia que le falto poco para morir aplastada por la elefanta. Sin embargo, Elaine eligió no hacerles daño, y ellos solo tuvieron heridas leves. Pero ese incidente fue un preludio al frenesí que surgió cinco días después.

El matinal del sábado ya estaba en pleno apogeo. Las gradas se desbordaban con padres y sus hijos, cada uno con su bolsa de palomitas y algodones de azúcar agarrados firmemente en la mano. Las voces de la gente charlando y gritos de emoción llenaron la arena. Todo el mundo anticipaba con muchas ganas el espectáculo porque ya pudieron ver a cinco enormes bestias listas para entrar en la pista. El espectáculo de los elefantes estaba a punto de comenzar.

Curiosamente, fue un cuidador- la persona encargada de cuidar, limpiar y alimentar a los animales- que entró primero en la pista. Más extraño aún, pareció que estuviera corriendo para salvar su vida. El público se debía haber preguntado qué pasaba. ¿Y quién perseguía a ese hombre? Pronto se enteraron, porque detrás de él llegó una elefanta corriendo. Tiró al hombre al suelo. Era Tyke y estaba furiosa. Le dio una patada. Le levantó y le tiró al suelo de nuevo. Estuvo al punto de pisotearle cuando llegó un amaestrador. Tyke se tensó, dio la vuelta y le mató bajo su cuerpo.

El público se alborotó. Algunos se quedaron en sus asientos, paralizados por el miedo. Otros corrieron hacia las salidas. Tyke decidió seguir el ejemplo de los que huían. Derribó la barandilla de la pista, encontró una puerta con grandes dimensiones por la cual su cuerpo cuerpo podía salir y llegó al aparcamiento. Vio a un payaso y le persiguió. Cuando se dio cuenta de que alguien intentaba cerrar la puerta principal, le aplastó. Después, la furiosa elefanta siguió andando hasta llegar a las calles del centro de Honolulu. Un hombre que iba en su coche la vio acercarse y se apartó hacia el lado para que pasara. Tyke anduvo suelta por varias manzanas hasta que la policía la acorraló. En seguida abrieron fuego — acribillándola con ochenta y seis balas. Un testigo grabó el baño de sangre en video. Tyke, aún llevando el tocado de estrellas, se desplomó. La sangre corría por sus patas. Inmóvil, pero con vida todavía. La policía llamó al zoológico. Algunos empleados llegaron pronto y la pusieron una inyección letal. Pero ni eso la mató. De nuevo intervino la policía; la dispararon tres veces. No fue la primera vez que un elefante había sido abatido en Honolulu.

En marzo de 1933, Daisy acababa de matar a su domador. Esta elefanta africana era una residente del Kapiolani Zoo. La habían comprado en 1916 con el dinero recaudado por los escolares locales. La alojaron en un pequeño cobertizo de madera donde permaneció durante diecisiete años. De hecho, el ataque fatal ocurrió cuando el amaestrador intentaba meterla en esa pequeña y apretada casucha. Ella se negó a entrar. Cuando el hombre intentó forzarla de una manera agresiva, Daisy le agarró con su trompa y le lanzó al aire. Cuando aterrizó, le encornó y le aplastó. Unos minutos más tarde llegó la policía. Localizaron a la elefanta, la rodearon y la mataron a tiros.

En un intento de explicar lo que sucedió, la esposa del domador dijo que, "ella, (Daisy) nunca había sido agresiva antes." Los visitantes fueron los verdaderos culpables de la rabieta letal de Daisy. Se burlaban de ella, la quemaban con cigarrillos, y la daban de comer cosas toxicas intencionalmente. Según la viuda, los visitantes fueron los que habían convertido esta amable giganta en una asesina. Solo dos años antes, Daisy había roto el brazo de un visitante. Sin duda, muchos creían que este individuo se había burlado y, por lo tanto, merecía lo que Daisy le hizo. Sin embargo, a los concejales de la ciudad no les importó lo que la pudiera haber provocado, exigieron la ejecución de Daisy. Una campaña del último momento consiguió que la indultaran. Pero, después del segundo incidente, la única elefanta de Honolulu no fue tan afortunada. Llevaron su cuerpo al mar y lo arrojaron a las profundidades del Pacífico.

En cuanto a Tyke y su ataque de 1994, la gente de Honolulu otra vez buscaba las razones de lo ocurrido. Primero, interrogaron a John Cuneo, el dueño de la fallecida. Cuneo insistió que casos como ese eran muy raros. Dijo que tenía mucha experiencia con elefantes y que son obedientes y bien educados. Explicó a la prensa que la culpa no la tenía Tyke. Antes del ataque, había oído un ruido extraño o visto algo raro que la hubiera asustado. Así que no había actuado intencionalmente aquel día. Lo que pasó fue muy triste, pero un accidente muy insólito. Cuneo no podía haber estado más lejos de la verdad. Porque detrás había una historia oculta.

En abril de 1993, Tyke estaba trabajando en un show en Altoona, Pennsylvania para el Great American Circus. Durante una actuación especial para un grupo de unos 3.000 niños, Tyke se escapó de la pista y llegó a los pasillos. Corrió por una puerta y subió a los balcones. La policía quería matarla a tiros en el momento, pero los empleados del circo le aseguraron que podían recuperar a la elefanta sin problemas. Pero resultó ser más fácil decir que hacer. Primero, los domadores la ordenaron bajar. No lo hizo. Luego, intentaron persuadirla con zanahorias y manzanas. Les ignoró. Por último trajeron a otro elefante para hacerla bajar. Eso sí dio resultado. La contrariada elefanta bajó.

Dos meses más tarde, hubo un episodio parecido. Ocurrió en la feria estatal en Minot, North Dakota. Tyke y otros elefantes acababan de terminar sus ensayos, y un guardián les llevaba a sus corrales. De repente, Tyke se separó del grupo y atacó a un cuidador. "Ella simplemente se dio la vuelta," recordó el hombre, "bajó su cabeza y me atacó. Sin duda me quería matar." Algunos amaestradores lograron rescatar al hombre, así que salió con vida pero con unas costillas rotas. Todavía Tyke no había terminado. Salió corriendo de la carpa hacia el paseo central de la feria.

Los domadores la persiguieron durante veinticinco minutos. Pero cada vez que parecía que la habían atrapado, ella les daba esquinazo. Al final se rindió voluntariamente. Sin embargo, lo que ocurrió un año después terminaría de una manera muy diferente.

La noticia de la muerte de Tyke salió en las noticias internacionales. Los videos del percance y su muerte a tiros por la policía fueron transmitidos por todo el mundo. Mucha gente que nunca antes había pensado en la difícil situación de los elefantes del circo, ahora se daban cuenta y expresaron sus preocupaciones. Otros, que ya estaban enterados de algunos hechos, decidieron aprender más. A medida que el interés en el tema creció, también creció la compasión por Tyke y sus compañeros. La indignación por el ultraje de esa matanza acababa de empezar.

Hubo gente que fue inducida al activismo. Muchos se unieron a las organizaciones de la defensa de los derechos de los animales, otros hicieron donaciones y otros constituyeron nuevas asociaciones de defensa. De hecho hubo dos personas que decidieron crear una reserva para los elefantes mayores de los circos y zoológicos. La co-fundadora, Carol Buckley, explicó que Tyke fue el catalizador para hacerlo. Allí los elefantes podrían vagar sin cadenas ni supervisión. Podrían pasar el tiempo solos o en compañía. Dormirían en unas magnificas instalaciones y tendrían la mejor atención medica. Ya no tendrían que trabajar o vivir con miedo. El Hohenwald Elephant Sanctuary situado en el centro de Tennessee abrió sus puertas en 1995.

La campaña mundial contra el uso de elefantes en la industria del espectáculo se intensificó en gran medida en los meses que siguieron a la muerte de Tyke. Donde iban los circos había manifestaciones. Los boicots contra los patrocinadores de los circos cada vez tenían más éxito. Se iniciaron demandas contra Hawthorn, Circus American y la ciudad de Honolulu. Presionaron al Department of Agriculture (USDA) de los Estados Unidos, que supervisa la industria, a que tuviera una mayor vigilancia, investigación, aplicación de la ley y procesamiento judicial.

En 1996 el gobierno federal multó a Hawthorn por los sucesos en Hawaii a un total de $12,500. En 1998 el USDA le multó con $60,000 adicionales y suspendió su licencia por cuarenta y cinco días debido a cargos por maltrato y muertes prematuras de otros dos elefantes de la compañía. Tunga y Hattie habían muerto de tuberculosis y por una falta general de atención veterinaria básica. En 2003 el USDA presentó cuarenta y siete nuevos cargos contra Hawthorn, varios de sus empleados, y el Walker Brothers Circus que estaban arrendando animales de la compañía. Estas violaciones incluían abuso físico durante el entrenamiento causando dolor y malestar, y no proporcionando atención veterinaria adecuada. En marzo de 2004 el dueño de Hawthorn, John Cuneo, se declaró culpable de diecinueve de los cargos y pagó una multa de $200,000. Todavía más importante es que Cuneo fue obligado a renunciar a todos sus elefantes.

Misty y Lota fueron las dos primeras elefantas liberadas de la operación de Cuneo. Llegaron al Hohenwald Sanctuary nueve meses después. Lamentablemente, llegó demacrada y aquejada de tuberculosis. Había pasado treinta y seis años en el Milwaukee County Zoo en Wisconsin. Pero debido a su continuo mal comportamiento y resistencia Lota fue vendida a Cuneo en 1990 como castigo.

Curiosamente, como respuesta a las preocupaciones populares sobre esta venta, el director del zoológico, Charles Wikenhauser, se burló diciendo que eran tontas y sentimentales y agregó con un dedo acusador, que la gente debería centrar su atención en las cuestiones humanas. Lota era después de todo, solo un animal.

En 2006 enviaron otros ocho elefantes de Hawthorn a Hohenwald: Minnie, Lottie, Queenie, Liz, Debbie, Ronnie, Billie y Frieda. Sue debería haberles acompañado, pero ella había muerto días antes. Por fin en 2007 los dos machos, Nicholas y Gypsy comenzaron su muy esperado viaje hacia el Performing Animal Welfare Society (PAWS) en Galt, California.

Las acciones de Tyke, la elefanta, aunque murió aquel día de otoño de 1994 no fueron en vano. Ella era parte de una lucha contra la opresión y la explotación: Jumbo, Janet, Debbie, Frieda. De hecho, su resistencia de ese día cambió el curso de la historia. Inspiró a los humanos a que entraran en acción. La ciudad de Honolulu nunca más fue sede de un circo. Hawthorn no tocó nunca más a un elefante. Los hermanos y hermanas adoptivos de Tyke están viviendo sus vidas en paz. El legado de Tyke permanece grabado en la memoria de los amantes de los animales de todo el mundo.

# CAPÍTULO DOS

# LOS PAQUIDERMOS PREFIEREN OLVIDARSE DEL ZOOLOGICO

Aunque cabe afirmar que Jumbo es el animal histórico más famoso del mundo, no fue el primer paquidermo de Londres que llegó a ser una estrella. Ese honor se lo llevó Chunee. Este elefante, que había nacido en Bengala, llegó a la isla en 1810, y durante los siguientes dieciséis años entretendría a la gente de Inglaterra. La princesa Victoria, antes de convertirse en reina y desfilar montada a lomos de Jumbo, se había maravillado al ver al poderoso Chunee. Al parecer, muchos escritores ingleses también estaban fascinados por la criatura. Charles Dickens, William Wordsworth y Robert Browning visitaban a Chunee a menudo. Lord Byron podría haber sido su mayor admirador. Pero no eran los privilegiados e intelectuales los únicos que se sentían atraídos por ese elefante. Todo el mundo quería ver al famoso Chunee: ricos y pobres, hombres y mujeres, adultos y niños. Hasta la gente de las zonas rurales hacía el largo peregrinaje a la ciudad de vez en cuando para ver a esta bestia gigante.

Chunee residía en la Royal Menagerie. Fue inaugurado en 1773 como un lugar de descanso para los animales de los circos, pero con el tiempo se convirtió en un zoológico permanente y así se quedó durante las próximas seis décadas. A lo largo de esos años tuvo varios dueños. El primero fue la familia Pidcock. Luego fue adquirido por los hermanos Italianos Polito, primero por Stephen Polito y después por John. El último dueño fue Edward Cross, un ex-empleado del zoo. A pesar de esos cambios, la función y la gestión del zoo siguieron esencialmente iguales. La Menagarie era, desde el principio, una empresa privada cuya objetivo era el lucro. Ofrecía diversiones orientadas a todos los públicos.

Cross, por ejemplo, al final de su etapa cobraba uno o dos chelines, según la atracción que el visitante quisiera ver. Además, a diferencia de Regent Park Zoo que en aquel tiempo era elitista y se dirigía exclusivamente a las clases más altas, él continuó la tradición de atender a toda la gente independientemente de su clase; siempre que pudiera pagar el importe del billete era bienvenido a sus instalaciones.

La Menagerie estaba instalada dentro del Exeter Exchange, una estructura comercial en el centro de la ciudad en una carretera principal, la Strand. Era la zona más concurrida y congestionada de Londres, siempre llena de peatones, caballos, carros y carruajes, todos luchando por un espacio. Era, sin duda, un extraño lugar donde ubicar un zoo. Le da a uno que pensar cuántos transeúntes se asustaron al oír el rugido de un león o el bramido de un elefante en ese denso distrito comercial.

Aún más extraño fue que la Menagerie no estaba instalada en la planta baja sino en una planta superior. Mantener a los animales en la parte superior de esa estructura debía haber sido muy difícil, sino precaria, aún más en un edificio construido en el siglo XVII. No fue una decisión acertada, sobre todo cuando se toma en cuenta que uno de los animales era un elefante macho. No solo debía haber sido complicado controlar la logística de guardar o mover una criatura que pesaba varias toneladas y tenía varios metros de circunferencia, pero, ¿qué habría pasado si se hubiera enfadado y embestido? La Menagerie, por su parte, reconoció el peligro y trató de superar los problemas. Mandaron diseñar y construir un recinto cerrado especialmente para Chunee. Esperaron que fuera suficientemente fuerte para soportar el peso del elefante y aguantar cualquier choque.

En cuanto a los otros animales en la Menagerie, los exhibían en jaulas muy pequeñas y estrechas que estaban ubicadas a lo largo de las paredes. Éstas estuvieron apiladas una encima de la otra como bloques de la construcción: los tigres encima de los leones, y los monos del nuevo mundo sentados sobre los del viejo mundo. Todos fueron camuflados detrás de un laberinto de barras de hierro sin la más mínima atención a la estética. El lugar parecía un almacén. Para ser justo, hay que reconocer que faltaba espacio. El zoo ocupaba solo dos habitaciones. Además, en aquel tiempo exhibir animales de esa manera era la norma. Con frecuencia

los museos y las menageries tenían grandes colecciones y no se preo-
cupaban por la presentación de las mismas, así que abarrotaban tantos
objetos y animales como pudieran en una exhibición. Esa manera de
hacerlo, tan abrumadora e ininteligible que nos puede parecer hoy día,
no parece haberles molestado a los visitantes de siglo XIX. Pero para los
animales que tenían que vivir en esas estrechas jaulas, ese ambiente no
podía haber sido una experiencia agradable. No podían moverse, mucho
menos correr, columpiarse o volar. Tampoco se preocupaba el zoo por
la circulación del aire y el saneamiento adecuado. Y esos cautivos de La
Royal Menagerie tampoco tenían una estimulación externa. Su única
estimulación era mirar al público.

A pesar de todo esto, Chunee aparentaba ser extraordinariamente bien
adaptado. Muchos visitantes notaban su temperamento tranquilo, no
especialmente cariñoso, pero bastante afable. Hasta hacía alguna gracia
para los espectadores. Solía hacer una que particularmente gustaba a
los visitantes. Agarraba el sombrero de un hombre con su trompa, se lo
quitaba y lo guardaba en su jaulita. ¿Lo iba a devolver? ¿Lo iba a destruir?
Ah, después de un minuto, lo devolvía y lo colocaba suavemente sobre la
cabeza del caballero. ¡Bien hecho!

Sin embargo, a veces la gracia no acababa tan bien. De vez en cuando,
Chunee rompía un sombrero. Otras veces lo cubría con su estiércol y lo
recolocaba en la cabeza del confiado señor, o devolvía el sombrero muy
bruscamente magullando la cabeza. O simplemente se negaba a entretener a los visitantes, por más que su amaestrador intentaba obligarle a
hacerlo. Chunee sí podía ser desobediente cuando tenía ganas de serlo.
Incluso podía ser mortífero.

El primer incidente grave ocurrió en 1815 cuando Chunee intentó
matar a su domador, Alfred Copp, que se encontraba dentro de la jaula.
No se sabe que hacía, tal vez estaba amaestrando al elefante o limpiando
su jaula. Pero algo molestó a Chunee, y Copps sufrió las consecuencias.
El elefante le arrinconó y cargó contra él con los colmillos levanta-
dos. Pero, sorprendentemente, Chunee perdió su objetivo. El hombre
se mantuvo vivo, clavado contra la pared con un colmillo a cada lado
de su cuerpo. Qué alivio debía haber sentido, por lo menos hasta que
viera la trompa de Chunee bajando rápidamente sobre él. Mientras que

Chunee le golpeaba, el amaestrador debía haber estado maldiciéndose por haber aceptado el trabajo. Al final, sobrevivió al ataque pero solo porque Edward Cross, en el último segundo, distrajo al elefante dándole en el trasero con una horca. Chopps jamás volvió a la Menagerie.

El hombre que le remplazó fue George Dyer. Al decir de todos, era un amaestrador particularmente malévolo que disfrutaba utilizando una lanza de más de tres metros y medio como su método de domar a los animales. Sin embargo, Chunee siempre encontraba la manera de defenderse. Si Dyer lo golpeaba, el elefante le rociaba con agua sucia o le daba con su trompa. En una ocasión Chunee le golpeó en plena cara rompiéndole la nariz tan fuertemente que los médicos no pudieron recomponérsela bien y el hombre se quedó desfigurado para siempre. Las peleas entre Dyer y Chunee llegaron a ser tan intensas que el dueño se vio obligado a contratar a un ayudante. Cross, muy prudente, eligió a alguien con experiencia.

Escogió a John Taylor, un hombre que sabía mucho de animales. No solo había pasado muchos años trabajando con animales cautivos, sino que la experiencia le había costado mucho: un león del circo le había quitado un brazo. A pesar de esa desgracia, Taylor se quedó en la profesión y nunca perdió su actitud cordial con las criaturas. De hecho, era un fuerte defensor del uso de métodos no físicos para amaestrar a los animales porque creía que éstos no deberían ser objeto de abuso. Su filosofía progresista era totalmente contraria a la de Taylor quien se quejaba con frecuencia a Edward Cross sobre Taylor. Al final, Cross, harto de esas constantes luchas internas, despidió a los dos.

Les siguió un tal Richard Carter. Como Dyer, él prefería métodos agresivos y violentos para amaestrar a los elefantes. Para controlar al elefante y no perder el puesto, utilizaba una larga lanza, bien afilada. Pero Cross consideraba que los métodos físicos por si solos no eran suficientes, que además hacía falta una nueva manera de control. Mandó al personal que comenzara a drogar a Chunee. Esperaba que los medicamentos psiquiátricos y cantidades de cerveza hicieran que Chunee, la estrella de la Menagerie, se quedara tranquilo y maleable. Pero no resultó así.

A finales de 1825, estaba totalmente descontrolado y acabando con el lugar. Se estrellaba contra las paredes, se embestía contra las vigas y golpeaba el techo haciendo volar pedazos de material por todos lados. El recinto, esa construcción única, se estaba rompiendo y Cross temía que todo el edifico pudiera derrumbarse. Al final, Chunee mató a un ayudante, corneándole. Eso fue el colmo para Cross. Decidió que el elefante debería ser condenado a muerte.

Al principio intentaron envenenarlo. Mezclaron el veneno con su comida diaria y esperaban lo inevitable. Pero Chunee se negó a comer. Acto seguido, le trajeron algunos bollos calientes, su comida preferida, uno de los cuales inyectado con veneno. Como era su costumbre, el elefante olió lo que le ofrecieron antes de empezar a comer. Y se comió todos. Es decir, todos menos aquel que llevaba el tóxico. Luego, los aspirantes a asesino intentaron de nuevo engañar al elefante. Hicieron que un visitante le ofreciera bollos. Pero Chunee no se dejó engañar. Entonces la Menagerie se vio obligada a idear otro método de ejecución. Para hacerlo obtuvo la ayuda de la policía metropolitana.

Al día siguiente, tres policías con fusiles llegaron al Exeter Exchange. Cross llevó a los hombres al piso de arriba y los alineó en frente del recinto de Chunee. Apuntaron y abrieron fuego. "Esperaba verlo caer," escribió un testigo más tarde. "En cambio, el elefante emitió un ruido sibilante, e intentó darnos con su trompa y cargar contra nosotros. Lo habría hecho si no fuera por las formidables lanzas de doble filo que llevaron los amaestradores." Chunee era más fuerte de lo que se esperaba. Esto iba a ser muy difícil y Cross necesitó pedir consejo. Aparte de un cazador, se preguntó, ¿quién mejor sabría matar a un animal como este? Cross decidió que un médico podría hacer la tarea, y mandó a un empleado a traer a uno. Llegó. Cross le indicó la parte del elefante donde debía disparar para matarlo de una vez. Pero Chunee se negó a ser un blanco inmóvil. Mientras disparaban los policías, se movía de un lado al otro y de adelante hacia atrás y así evitaba que le dispararan en las aéreas vitales.

Cada vez más desesperado, Cross mandó a otro empleado a Somerset House. Tal vez pensara que un soldado profesional pudiera hacerlo. Con él ya había catorce hombres delante del recinto; todos abrieron fuego. Pero aún así, Chunee no se cayó. Y ahora la escena se había convertido en una pesadilla. La sangre llegaba casi a los tobillos. Encrespado, Cross mandó traer fusiles y municiones más potentes. Con ésos volvieron a abrir fuego. Cuando parecía que el elefante se estaba debilitando, Cross mandó traer un cañón. Aunque no fue necesario, la bala de mosquete, calibre 152, finalmente terminó la misión. Chunee murió.

Quizás haya dignidad en la muerte, pero la gestión zoológica no la tiene. Como queda demostrado, con demasiada frecuencia los zoológicos no dejan que sus animales tengan una muerte digna. Aún antes de que Chunee estuviera completamente muerto, esos buitres se pusieron manos a la obra con una nueva y despiadada tarea. Le cortaron la trompa con un hacha y se vendió al mejor postor. Le sacaron los ojos y los guardaron como un premio científico. Después su cuerpo fue diseccionado por médicos y despellejado por biólogos. Su tracto intestinal y los tejidos musculares fueron extraídos para estudios científicos. Al final, solo quedó su esqueleto en la Menagerie. Cross lo montó como una nueva atracción, que resultó ser muy rentable y muy fácil de manejar.

## Babe

El zoológico de Toledo estaba en un gran aprieto. Su elefante, Josie, había muerto al atragantarse con la comida. Su muerte fue triste y lamentable, pero el zoo tenía que seguir adelante. Sencillamente, no había tiempo para investigar su muerte o llorar por ella. Al contrario, hacía falta encontrar otro elefante. El zoo, que se había inaugurado unos pocos años antes, en 1900, necesitaba una nueva estrella. Hoy día los zoológicos se refieren a esas criaturas como sus especies emblemáticas. Son los animales que se salen de lo corriente: los elefantes, tigres, hipopótamos, gorilas, y osos pandas. Son los que aumentan la reputación del zoo y mejoran su imagen. Proporcionan un fácil enfoque de marketing para atraer a un público mayor. Más importante, hacen que los zoos y sus empleados se sientan seguros de que la financiación externa siguiera fluyendo. El prestigio, en aquel tiempo como ahora, es fundamental para la supervivencia de estas instituciones, y son los elefantes los que juegan un papel clave en la creación de esa impresión. De hecho, si el joven zoológico de Toledo iba a crecer y prosperar, hacía falta conseguir otro paquidermo. Era una necesidad absoluta. Sin embargo, había un obstáculo importante, los elefantes no son baratos. Así que el zoo recurrió a los niños del noroeste de Ohio.

A lo largo de esta época los zoos del país contaban con la el apoyo financiero de la juventud local. En realidad, la mayoría de los parques no hubieran sobrevivido sin esas campañas impulsadas por los niños. En realidad ese dinero "caído del cielo" se extrajo de "las bocas de los niños." Les pedían que escatimaran para financiar la compra de un nuevo animal cautivo, les pedían que ahorrasen dinero durante muchos años para pagar el costo de una nueva exhibición. El sacrificio lo hicieron ellos. No se puede decir lo mismo de los que recogieron las donaciones. Los miembros de las sociedades zoológicas eran, casi todos, muy adinerados. Muchos eran dueños de grandes industrias o bancos; otros habían heredado fortunas. Cada uno disponía de los recursos con que hubieran podido financiar estas instituciones completamente. Pero no lo hicieron. Preferían quitar decenas de miles de dólares a quienes menos tenían. Esto era, para bien o para mal, la disposición del aquel tiempo y los niños de Toledo y los municipios cercanos llevaron a cabo sus faenas laudablemente. A principios de 1912 los chavales habían amontonado suficientes centavos para la compra de un nuevo elefante. Ahora le tocó al zoo encontrar uno.

A finales de siglo XIX y principios del XX, ellos que necesitaban un paquidermo buscaban a William Hall, el comerciante más importante de animales en los EE.UU y uno de los primeros empresarios transnacionales. Le encontraron en Lancaster, Missouri, donde tenía su sede. Negociaba por todo el mundo y tenia instalaciones de compra y venta hasta en la Ciudad del Cabo, Sudáfrica. Sobresalía en el arte del transporte transatlántico. Se decía que no había quien pudiera hacer llegar a los animales, vivos y sanos, al otro lado del océano mejor que él. Incluso en la actualidad la tasa de mortalidad puede ser muy alta, a veces hasta la mitad o más del cargo mueren en derrota. La deshidratación, agotamiento por calor, la asfixia, y el hambre son las causas más usuales, especialmente en operaciones de contrabando, tristemente la forma por la cual se realiza una gran parte de ese negocio. El tráfico en especies exóticas nunca ha sido considerado una empresa ética. De todas formas, esto era la profesión que Hall había elegido y los zoos se valieron de ella casi diariamente.

Hall comenzó su negocio comerciando con equinos, no con paquidermos. Más adelante, suministraría caballos al American Express Company y a los municipios de Philadelphia y Chicago, los cuales dependían en gran medida de los caballos para sus necesidades de transporte. Hall fue también un astuto contratista proveyendo caballos a países enteros durante periodos de guerra, como a Gran Bretaña en la Guerra de los Boers, y los Aliados en la Primera Guerra Mundial. En cualquier momento su granja en Missouri tenía hasta 2.000 caballos esperando su envío. No fue hasta 1904 que Hall adquirió por primera vez una especie exótica: dos camellos. Desde entonces fue aumentando el número de ejemplares, incluyendo una gran selección de tigres, elefantes y leones. En 1912 Hall vendió uno de sus más importantes animales y lo envió en un vagón de carga a Ohio. El zoológico de Toledo finalmente iba a conseguir su elefante.

Nacido en el subcontinente India, York era un elefante macho fuerte, con una reputación de ser difícil. Solo unos años antes, mientras trabajaba para el MacKay Circus, pisoteó a un domador hasta matarle. Los autoridades del zoo lo sabían y reaccionaron muy cautelosamente porque no solo tendrían que mantener controlado a este elefante durante la próximas dos décadas, sino que también tendrían que evitar que el público se enterara de su hoja de antecedentes penales. No sería bueno para las relaciones públicas. ¿Qué padre llevaría a su hijo a ver a un asesino peligroso? En consecuencia, el zoológico decidió que lo mejor sería anticiparse a las dificultades y simplemente cambiar el nombre del elefante. Por lo tanto, York fue rebautizado Babe.

Desde el principio el zoo de Toledo utilizaba a Babe para ganar publicidad. ¡Mira a Babe marchando en un desfile! ¡Qué increíble! ¡Mira a Babe posando delante de un piano como si estuviera tratando de tocarlo! ¡Qué bonito! ¡Todos debemos ir al zoológico! No pasaba ni una semana sin que los periódicos de la zona mencionaran al elefante por su nombre o mostraran una foto o un dibujo de Babe. Era noticia de primera plana y seguiría siéndolo durante los siguientes treinta años. Sin embargo, tan popular como era, no podrían ocultar siempre la realidad de todo lo que había hecho.

Las frecuentes fugas de Babe se convirtieron en una leyenda en el barrio de Walbridge donde a menudo se le podía encontrar comiendo los geranios de los vecinos, derribando tendederos y destruyendo porches. Ya que Babe se escapaba con tanta frecuencia, la prensa lo trataba como una rutina divertida. "Babe se burló de los guardianes otra vez," anunciaban las noticias con cierta satisfacción. Por su parte, el zoo intentó ser lo más honesto posible. "El alojamiento actual entendemos que no tiene las medidas de seguridad adecuadas para controlar a Babe cuando se altera," aclaró un administrador del zoo. "Aunque el elefante tiene las dos patas delanteras encadenadas, las cuales están a su vez encadenadas al concreto, el paquidermo gigante a veces consigue desenganchar una o dos cadenas, y con su trompa logra abrir las grandes dobles puertas de su alojamiento." Al parecer no podían frenar a su elefante, y el zoo lo reconoció. Necesitaban un recinto más fuerte.

Babe también podía ser violento con los empleados. En 1915 corneó a su amaestrador, matándole. Para minimizar el peligro el zoo le serró los colmillos. Luego, contrataron a un nuevo domador esperando que éste fuera mejor. El zoo no necesitaba otra fatalidad. ¿Cómo podrían explicar eso al público? Algunos oficiales del zoo comenzaron a tener dudas. Quizá el problemático Babe no valía tanto la pena. Y especularon que tal vez William Hall no fuera el mejor proveedor de paquidermos.

Hall se especializó en elefantes rebeldes. Pero su negocio no fue un santuario ni una comunidad de jubilados. Tampoco fue un centro de rehabilitación donde curar lesiones o heridas físicas, ni fue un centro de psicoterapia para el tratamiento de traumas y heridas psicológicas. Al contrario, funcionaba como una clase de vertedero, donde se podía dejar a los no deseados. Si un zoológico o un circo ya no podían controlar a un animal o solamente quería deshacerse de uno, fácilmente podría encontrar un comprador que lo quisiera en Missouri. Como un empleado de Hall lo describió, la empresa "compraba los animales rechazados por otros. Los trabajamos para enderezar sus malos comportamientos y durante los veranos los alquilamos a los circos y carnavales." El negocio de Hall fue esencialmente un campamento de trabajos forzados — un lugar donde los elefantes eran azotados, golpeados, aterrorizados y enviados de nuevo rumbo a un circo o carnaval. Sin embargo, este sistema tenía sus complicaciones. Tres de éstas se pueden identificar por sus nombres: Hero, Black Diamond y "Old" Major.

Arrendaron a Hero al Orton Brothers Circus para la temporada de 1916. Era un elefante asiático, macho y enorme, otro rebelde que nadie quería, que Hall había comprado seis años antes. Aunque los hombres de Hall podrían haber logrado un buen comportamiento que duraba a ratos, no le pudieron erradicar toda su rebeldía. En un show en Elkton, South Dakota, Hero se escapó de su amaestrador borracho y huyó. Es digno de mención que le habían tocado muchos amaestradores alcohólicos a lo largo de los años. Parece que los circos están llenos de ellos. Quizá eso sea un indicio de que no evalúan bien a los hombres que contratan. O, posiblemente, esos borrachos son un síntoma de un problema más gordo — amaestrar elefantes era y es una empresa moralmente corrupta. En cualquier caso, nuestro elefante, Hero, ya era un fugitivo. Quién sabe cuándo fue la última vez que había podido vagar solo e ir a dónde se le antojara. No eran las selvas del sudeste de Asia, pero las vastas praderas del Norte Dakota le debían haber parecido extraordinarias. El pelotón tardó cinco horas en dar con Hero. Lo mataron a tiros.

Dondequiera que iba Black Diamond, se le controlaba con un sistema de restricciones muy complejo. Su cuerpo estaba cubierto de cadenas. Se le tenía sujeto con un par de ellas que estiraban de sus patas traseras hasta su trompa, otro par rodeaba su torso. Y habían colocado una gruesa barra de hierro entre sus dos enormes colmillos. No querían correr ningún riesgo. Black Diamond era un elefante peligroso, imprevisible y recalcitrante. Hacía falta limitar y frenar su movimiento. En ningún momento se le podía permitir levantar la trompa, por eso habían puesto la barra de hierro. De hecho, cuando marchaba en un desfile, además de las medidas de seguridad rutinarias, lo tenían encadenado a dos elefantes más dóciles. Solo el personaje ficticio Hannibal Lector causó tanta preocupación y valió tanta ingenuidad tecnológica como a la que fue sometido Black Diamond. Irónicamente, este elefante también conseguiría su venganza.

En octubre de 1929, mientras trabajaba para el AI Barnes Circus, este elefante de treinta y un años estaba desfilando una vez más por una calle. Pero este desfile no iba a ser como otros. Su antiguo amaestrador, Homer Pritchett, estaba allí. Cuando Black Diamond le avistó a través de la multitud, comenzó a agitarse. Rompió las cadenas que le tenían atado a los dos elefantes y corrió hacia adelante. "Embistió un coche con sus colmillos empujándolo contra otro," recordó un testigo. "La gente estaba gritando y huyendo, pero fue imposible salir por la aglomeración." Nunca se había visto tal cosa en Corsicana, Texas. Aunque, curiosamente, había un elefante llamado Texas — también propiedad de William Hall — que se había desmandado de manera similar cuando trabajaba para el Atterbury Circus. En cuanto a Black Diamond, cuando alcanzó su objetivo, le agarró con su trompa y le tiró al suelo. Pritchard tuvo suerte. Solo se rompió un brazo. El domador que Black Diamond había matado unos años antes no fue tan afortunado. Tampoco tuvo suerte la compañera de Pritchard que se había quedado allí sola. El elefante la aplastó.

Cuatro días más tarde, algunas autoridades locales, con un pelotón de ejecución, llevaron al elefante a una arboleda y le encadenaron. Se dio la orden y el pelotón abrió fuego. Black Diamond intentó liberarse, pero no pudo. El tiroteo continuó y pronto el poderoso Black Diamond cayó. Un fotógrafo captó la imagen final: el elefante se encontraba inmóvil, su cuerpo entrelazado con las cadenas manchadas de sangre.

El último y el mayor de estos tres elefantes fue "Old" Major. El llevaba más de treinta años trabajando en la industria del espectáculo. Temporada tras temporada, Major viajaba por todo el país, de un lado a otro. En 1935 Hall vendió este veterano al Cole Brothers Circus que se mostró bastante contento con su nueva adquisición. Un circo siempre tiene ganas de tener nuevas atracciones. Pero su complacencia no duró mucho tiempo.

Solo dos meses después de llegar al circo, Major atacó a un domador. Los hermanos Cole estuvieron perturbados. No solo habían perdido un valeroso empleado que había resultado herido, sino que también se dieron cuenta de que iban a tener más problemas en el futuro. Y así fue. Unas semanas más tarde, mientras estuvo ensayando un ejercicio, el elefante atacó a otro amaestrador. Este había gritado una orden, y Major reaccionó violentamente, golpeándole fuerte con su trompa en la cabeza y en los hombros. El hombre cayó al suelo pero logró levantarse y salió corriendo. Pero Major le perseguía; quería matarlo. Hacía falta un ejército de empleados y mucho esfuerzo para controlar al contrariado elefante. Decidieron "encadenar a la vieja bestia para que se tranquilizara." Sin embargo, al día siguiente el elefante todavía estaba furioso. Cada vez que alguien se acercaba a él, Major intentaba darle con su trompa o sus colmillos. El dueño del circo convocó una reunión de emergencia para tratar el problema. ¿Era controlable? ¿Podría volver a trabajar como antes? ¿O es que le habían hecho llegar a su punto de ruptura? La reunión concluyó con una orden de ejecución para Major.

Por alguna razón los funcionarios del circo decidieron no matar a Major dentro del establo donde estaba encerrado. Querían sacarlo fuera y dispararle allí. Así que reunieron a grupo de personal del circo: domadores, cuidadores, vendedores de entradas y cualquier otro que pudieron encontrar. Cada hombre estuvo armado con una picana y el grupo comenzó su tarea. Después de un rato consiguieron sacar a Major del establo engatusándolo, aunque una vez en el exterior, el elefante se paró en seco negándose a moverse más. Decidieron hacerlo allí mismo. Un periodista describió lo que sucedió después. Un tirador avanzó, "caminando contó quince pasos y tomó posición rifle al hombro……Major lo miró con desdén y llevó la pesada trompa en alto como si estuviera listo para cargar. El disparo del rifle sonó. Los testigos vieron temblar a la gran mole, quedando su trompa boca arriba sobre la cabeza, hubo un rápido resoplido como burlón y después su tonelaje se hundió lentamente." El periodista concluyó que, "Major había terminado sus 70 años de vida como los había vivido, con un reto a la humanidad." Cole Brothers mantuvo su tradición y rebanó los colmillos para exhibirlos. El circo ostentaba una colección morbosa de trofeos de marfil serrados a los elefantes ejecutados.

En cuanto a Babe en el zoo de Toledo, su destino parecía ser idéntico a los que le precedieron y a los que vendrían después de él. Los acontecimientos del año 1922 especialmente nos llevaron a esta conclusión. La relación entre el elefante y el zoológico se había deteriorado. Las luchas llegaron a ser cotidianas. "Batallas de cinco horas" no eran inusuales.

El zoo tuvo que repetir que, "Babe ha estado de mal humor durante semanas. La primavera la sangre altera y se resiente de su encierro." La situación empeoró cuando el domador del elefante tuvo que ser hospitalizado a causa de las heridas que sufrió en una pelea con un babuino que se había escapado. En su ausencia la sociedad del zoo contó con la policía local para vigilar a Babe. Los oficiales estaban de guardia las veinticuatro horas del día dentro y fuera del establo. La pasma con sus potentes rifles permanecían en constante tensión y muertos de miedo al igual que los gerentes del zoo. Porque la cuestión no era si el elefante estrella alborotaría, sino cuándo. Comenzaron a pensar de qué manera matarlo.

Cuando la noticia de este complot letal se filtró en la prensa, el público reaccionó con enojo. La gente de Toledo no quería que Babe fuera ejecutado y exigieron que el zoo concibiera otra estrategia de llevar a los animales. Los dirigentes del zoo cedieron ante la presión y anunciaron que pronto iban a construir un nuevo recinto para los elefantes. Sin embargo, tenían una gran dificultad porque la nueva construcción tendría que proporcionar soluciones al problema del comportamiento rebelde de Babe. De otra forma, ¿Por qué gastar tanto dinero? La nueva instalación debería: (a) impedir las fugas (b) soportar brotes de cólera y (c) permitir el contacto mínimo entre los amaestradores y el elefante. Finalmente, los ingenieros decidieron que la mejor manera de cumplir con esas necesidades sería colocarla por debajo del nivel del suelo. Llenarían el hoyo con hormigón y reforzarlo con barras de acero. Ni siquiera Babe podría escapar de tal construcción. Y así fue. Babe permanecería en el zoo durante las dos próximas décadas y continuaría siendo la mayor atracción. Murió en 1943. Su obituario decía: "Animal que se convirtió en asesino y forajido, ejecutado después de sufrir un derrame cerebral."

### Tillie

Tillie comenzó su vida en cautividad conocida como Chocolate. Pero a diferencia del postre, que denota imágenes de dulzura y experiencias de placer, la elefanta Chocolate era a veces todo lo contrario. A decir verdad, se parecía más a la otra característica del chocolate, la de ser un estimulante. Tenía mucho espíritu, era muy independiente y difícil de domar. Si alguien la empujaba, ella le hacía lo mismo. Si alguien la golpeaba con una picana, ella reaccionaba de tal forma que se arrepintiera de haberlo hecho. No podían meterse con ella y fue un error subestimarla. Finalmente, Chocolate seria expulsada de dos zoos por mal comportamiento y trasladada a un centro especializado.

En 1995 llevaron a Chocolate a Europa desde el sureste de Asia donde nació. Su nuevo hogar fue el zoológico regional de Kolmarden, Suecia. Era, sin duda, un extraño lugar para un elefante. Estaba ubicado en el Lago Malaren, menos de cien millas del Mar Báltico. En ese lugar los inviernos duraban cuatro o cinco meses y el Sol permanecía escondido en el cielo nublado. La temperatura durante esta temporada raramente se elevaba por encima del punto de congelación. Por eso los elefantes tenían que pasar casi la mitad del año dentro de algunos recintos muy pequeños y apretados. Cuando salían fuera por un periodo prolongado, estaban expuestos al aire frio y húmedo. Eso fácilmente penetraba en los pulmones, las articulaciones y los pies, provocando enfermedades y artritis. Por lo general, ese clima sub-ártico es horrible para los elefantes. Durante meses no pueden caminar y no tienen estimulación, ni mental ni física. Hay muy poca luz solar. Esas condiciones provocan la depresión y la desesperación. Eso es lo que sufrió Maggie, una elefanta confinada en el zoo estatal de Alaska.

Esta indígena de Sudáfrica llegó a la ciudad de Anchorage en 1983. Ella era la única sobreviviente de una familia que había sido eliminada unos meses antes, un suceso que la debía haber dejado traumatizada. Había otra elefanta en el zoológico, Annabelle, quien llevaba diecisiete años viviendo sola. En 1997 murió por causa de una infección del pie. Ahora le tocó a Maggie vivir sola durante la siguiente década. El aislamiento prolongado es muy duro para los elefantes hembras. Son criaturas que viven en manadas muy organizadas y dependen unas de otras. En África y Asia esas manadas incluyen hasta veinte hembras parientes con sus crías y una matriarca. Esos elefantes hasta recuerdan sus muertos durante mucho tiempo. Aun más, les gusta interactuar con otros animales. Los seres humanos tienden a pensar que las otras especies son segregadas o que viven totalmente aparte de sus semejantes. Pero se ha demostrado que eso no es cierto. Los elefantes, como los seres humanos, necesitan crear y alimentar relaciones holísticas. Los animales tienen su propia cultura.

Desafortunadamente, Maggie no tenía a otros elefantes con quienes relacionarse. Lo mejor que el zoo pudo ofrecerla para aliviar su malestar y alienación fue una cinta de correr gigante que les costó $100,000. Los dirigentes del zoo fantasearon con que la elefanta podría conseguir una buena salud mental y fisca utilizando esa máquina. Irónicamente, esta idea no era nueva. Jeremy Bentham, un "policy wonk"quien abogó por ese tipo de aparato en su ensayo para la prisión Panópticon. Su plan era que los elefantes de la reina trabajaran dieciocho de las veinticuatro horas arrastrando la rueda de un molino. Ese proyecto no solo mejoraría la salud de los animales, sino que también produciría energía mecánica y rentabilidad para el dueño del molino. Pero Maggie no estuvo de acuerdo. Se negó a utilizar la maquina. En 2007, presionados por algunos grupos de ciudadanos, los administradores del zoo enviaron a Maggie al santuario PAW en Galt, California. Nuestra elefanta, Chocolate, no pudo haber imaginado tener tanta suerte.

Chocolate permaneció durante quince años en el zoológico sueco, aguantando los helados inviernos y apreciando, todo lo que puede un animal tropical, los veranos templados. Estuvo allí cuando Kolmarden llegó a ser el zoo principal del país gracias, en gran parte, a su presencia. Pero la situación no iba tan bien como se aparentaba. Mientras ella maduraba, también crecía el sentido de sí misma. Su disposición había cambiado. Ya no obedecía a cualquier orden o a cualquier mandato como antes y se había puesto tan desafiante y rebelde que el zoo ya no podía controlarla. Era demasiado agresiva y peligrosa y había herido a varios guardianes. Los dirigentes del zoo sabían que tarde o temprano mataría a alguien. Kolmarden se dio por vencido. Chocolate había ganado la batalla de voluntades.

En 1980 la elefanta se vendió y fue enviada a los Estado Unidos. Su nuevo hogar estaba en Tampa, Florida, un lugar con un clima más suave. Al principio, la relación entre Chocolate y sus nuevos dueños fue afable. Tal vez fuera el regreso al calor y a la humedad que la había tranquilizado. O tal vez ella tardara en entender que se referían a ella cuando le gritaban, "Tillie." Por lo visto la habían cambiado su nombre. Los años pasaban y Tillie se convirtió en madre. El Lowry Park Zoo llenó sus arcas con el dinero que ganaron exhibiéndola con su cría en el zoo y prestándola a agencias de publicidad para hacer anuncios en la televisión local. Pero, con el tiempo Tillie se cansó de esa vida.

Los problemas estallaron en Junio de 1993. Un guardián estaba llevando a Tillie y a otro paquidermo en el paseo diario, cuando de repente los dos se pusieron a correr. Embistieron por un portón y se encontraron fuera de los terrenos del zoo. A pesar de los esfuerzos de los zoos, los elefantes no pueden adaptarse a una vida sedentaria en un eterno cautiverio. Sea en África o en Asia, estos animales suelen caminar muchas millas a diario. Normalmente pueden recorrer una área de nueve a treinta y una millas cuadradas y no solo para encontrar comida o agua. Les encanta caminar por donde se les antoje. Les gusta estar de marcha, ver cosas nuevas y relacionarse con otros animales. Son viajeros altamente sociales. Las instalaciones de los zoos se miden en pies no en millas y los sitios al aire libre solo son de dos o tres acres, como máximo. De hecho, la aventura en Tampa no fue ni la primera ni la última vez que uno o dos elefantes se escaparon de un zoológico.

Una década antes, Misty huyó de su instalación en Irvine, California. Rompió una valla de seguridad después de atropellar a su amaestrador. Una vez fuera, paseó por un mercadillo, provocó un atasco de tráfico en una autopista y hábilmente evitó ser capturada durante más de tres horas. En 1997, Cally y Tonya se escaparon de un zoológico en Maine. Salieron por un portón que se había quedado abierto accidentalmente o que lo habían abierto estas dos — nunca lo averiguaron. Sea como fuere, ellas se aprovecharon de la oportunidad para explorar la zona. Primero capturaron a Tonya. Pero no podían encontrar a Cally por ningún sitio. Simplemente había desaparecido. No la encontraron hasta horas más tarde en una arboleda donde estaba tomando un muy merecido baño de fango — un placer que nunca tenía en cautividad. En cuanto a Tillie y su compañera, las encontraron y las llevaron de vuelta a sus recintos. Pero eso fue solo un presagio de algunos acontecimientos más alucinantes que estuvieron por venir.

Un día a principios de julio, mientras Tillie hacía un ejercicio de amaestramiento, su domadora la empujó porque de repente ella se negó a continuar. Tillie la empujó lazándola a un estanque de agua adyacente. No había duda de que esto fue un acto intencionado y la domadora, aunque no estuvo herida en lo físico, se vio afectada emocionalmente. Por su parte, los administradores del zoo optaron por ver el suceso como algo insólito y no como una segunda advertencia. Creyeron que Tillie se estaba divirtiendo a costa de la mujer. A lo sumo era una interacción normal entre una amaestradora y el animal, ambos luchando por el dominio.

Es significativo que de vez en cuando los zoos y los circos reconocen el hecho de que las relaciones entre los amaestradores y los elefantes son, ante todo, antagonistas, coercitivas y a menudo violentas, tratan de la dominación y la resistencia, la consecuencia de las cuales se lleva a cabo diariamente detrás de las puertas de estas instituciones. En otras palabras, se pueden ver esas relaciones como una dinámica, cuyas resultados son determinados mediante un proceso de negociación. Por un lado, están los zoológicos y los circos. Tratan de controlar los animales utilizando varios métodos: acciones repetitivas, el abuso físico, los sobornos gastronómicos, y la intimidación verbal. El objetivo es inculcar la obediencia y el servilismo de los animales y obtener de ellos la mayor rentabilidad posible. Es una gestión de la explotación. En el otro lado de la ecuación están los elefantes. Ellos tratan de sobrevivir a su lamentable situación y, cuando sea posible, condicionarla. La suya es una lucha contra la explotación que puede manifestarse de distintas maneras: ignorar las órdenes, desacelerar su ritmo de trabajo, negarse a trabajar sin alimentación adecuada, descansar sin permiso, romper el equipo, dañar los recintos, rebelarse o fugarse. La mayoría de las veces son las instituciones las que ganan estas negociaciones. Pero de vez en cuando, los elefantes tienen éxito. Su victoria puede ser efímera: más heno o zanahorias. O podría ser parcial: un cambio por periodos largos de las técnicas de amaestramiento. O también podría ser histórico: libertad en un santuario. En el caso de Tillie y su último arrebato, los dirigentes del zoológico de Tampa rápidamente trataron de recuperar el dominio. La llevaron a "la privacidad del establo," encadenada y disciplinada. Después de torturarla, le hicieron una sesión de mandatos como prueba de haber sometido su voluntad. Ella lo hizo y la mandaron de nuevo a trabajar. Sin embargo, la relativa tranquilidad no duró por mucho tiempo.

Un día a finales de julio, mientras llevaban a Tillie al establo, le dijeron que se detuviera y que se quedara parada. En cambio, ella se puso en marcha dirigiéndose hacia la amaestradora, la misma a que había empujado solo unas semanas antes. La mandaron que se moviera y la agredieron con una picana. Pero la elefanta les ignoró. Golpeó a la domadora y la pateó. Ella intentó huir, pero Tillie la agarró y no la soltó porque quería castigarla más. Un asistente que estuvo allí la daba tirones y golpes para neutralizarla, pero Tillie no hizo caso ni al él ni al dolor. No dejó de darle patadas hasta que estuvo muerta.

A este ataque letal de resistencia siguió un patrón común de muchos elefantes cautivos en los zoológicos: los problemas se producen por etapas. Por ejemplo, Jojo, una elefanta del Lion Country Safari en West Palm Beach, Florida, cargó contra su domador dos veces en un año. La tercera vez, en marzo de 1990, le corneó, aplastándole cinco costillas, causando daño al hígado y tanta pérdida de sangre que se requirió una transfusión de casi once litros. "Le dije que diera unos pasos atrás," explicó el amaestrador mas tarde a un periodista, "y vi algo en sus ojos." Eso fue una mirada de ira y no la iban a olvidar. Otro ejemplo es Tamba, del Washington Park Zoo en Portland, Oregón. Arrojó a su domador contra la pared en 1991. Los dirigentes del zoo afirmaron que solo se trató de un accidente. 'No hay por qué preocuparse,' fue su actitud. Siete meses más tarde Tamba le fracturó el cráneo. Después de eso la prensa exigió que esclarecieran los hechos. Así que un conservador del zoológico dijo que Tambo, "simplemente no le gustaba." También hay el ejemplo del Misha del Six Flags en Vallejo, California. En 2001 ella "se aprovechó" de un empleado cuando le cogió desprevenido y le empujó contra un arbusto. Un año más tarde intentó golpear a otro con su trompa. Perdió su objetivo, pero logró transmitir su mensaje. Desafortunadamente, nadie en el zoo se dio cuenta. En 2004 corneó a un tercer empleado en el abdomen. Los colmillos, contó un bombero en detalle, "habían traspasado el cuerpo completamente."

En cuanto a Tillie, la vendieron inmediatamente después de que matara a su domadora. Fue su tercer ataque y, como su dueño anterior en Suecia, el zoo también se dio cuenta de que ya no podían controlarla. Sabían que volvería a matar de nuevo. Por lo visto, habían recibido su mensaje. De hecho, si esto hubiera pasado solo dos décadas antes, la habrían ejecutado, ya que ese era el procedimiento estándar durante más de un siglo en casos de delincuentes habituales. Resistir más allá de un cierto punto y sería condenado a muerte. Sin embargo con la revigorización del movimiento por los derechos de los animales en la década de 1970, estas instituciones ya no operaban con impunidad, y la muerte como castigo extremo había llegado a ser casi inaceptable. Por lo tanto, Lowry Park terminó instalando a la elefanta en un centro "mejor equipado": el Two Tails Ranch.

Inaugurado en 1984 y ubicado en Williston, Florida, Two Tails es un rancho de trabajo con una amplia misión. En primer lugar, en colaboración con los Hermanos Ringling, sirve como un programa de reproducción para los elefantes del circo. Estos centros de "conservación" se crearon en respuesta a las más estrictas leyes y controles de la exportación de elefantes procedentes de países extranjeros. Los zoológicos y los circos simplemente necesitaban una nueva y más fiable fuente de mano de obra gratuita. En segundo lugar el rancho es un centro de amaestramiento. De hecho, su actual propietaria es Patricia Zerbini — una de los domadores de paquidermos más destacada del mundo. Si alguien podía controlar el comportamiento de Tillie sería Zerbini. Two Tails es también una residencia de elefantes ancianos. Pero no es una comunidad de jubilación. Bajo el pretexto de "la educación" utilizan a esos animales para entretener a los visitantes, dar paseos, posar para fotografías y hacer demostraciones. Por otra parte están obligados a viajar y actuar en ferias, exposiciones y eventos especiales. Para la mayoría de los elefantes en cautiverio, el trabajo es algo que nunca acaba.

En 2000 se oyó hablar de Tillie otra vez, pero las noticias no fueron tan alentadoras. Se había convertido en el objeto de una investigación del USDA (El Departamento Federal de Agricultura) porque habían descubierto que la elefanta estaba enferma y sufriendo. Evidentemente,

Tillie había contraído la tuberculosis y no estaba recibiendo ninguna atención veterinaria para su enfermedad. Tillie permanece en el rancho.

## Moja

Los periódicos se referían a ella simplemente como "M." ¿Era esto una fuente clave anónima? Un asesino en serie desconocida? O, tal vez, una víctima de la delincuencia protegida? En realidad, la respuesta no era ninguna de las anteriores. M. era una elefanta que vivía en el zoológico de Pittsburgh. Había vivido allí por ocho años, pero solo unos días antes, había herido a un cuidador. Sin embargo, al ser interrogado por los medios de comunicación locales, representantes del parque — que en ocasiones normales son bastante detallado si no fanfarrón cuando se habla de sus operaciones — se habían vueltos extrañamente reticente y proporcionarían sólo la primera inicial del animal involucrado. ¿Por qué todo este misterio?

M. era Moja. Ella nació en el zoológico de San Diego, en mayo del 1982. Su madre era Wankie, una elefante de veinte y tres años que había pasado la mayor parte de su vida en el sur de California. Era su primer becerro, y el nacimiento fue considerado un triunfo. Moja era una rareza, uno de los pocos elefantes africanos que han sido criados en cautividad con éxito. La profesión zoológica no podría haber sido más satisfecho, y se promocionaba la noticia por todas partes. Pero para Wankie y su cría, la celebración sería de corta vida -Moja fue enviada en octubre del año siguiente al zoológico de la ciudad de Tacoma, Washington. Si algunos lectores están pensando que esto no suena como mucho tiempo para una madre y su hija a pasar juntos, serían correctos. Los elefantes son afectados gravemente por una separación tan abrupta.

En la sociedad paquidermo, la familia lo es todo. Las hembras, por ejemplo, nunca están solas. Hijas pasarán la mayor parte de sus vidas al lado de sus madres. Estos bonos intensos son casi irrompibles, y se extienden más allá del mundo material hasta el mundo espiritual. Los elefantes son conocidos por tener sus propios cementerios y rituales complejos en cuanto al tratamiento de los muertos. Visitan a los lugares de enterramiento a menudo, y los huesos de los familiares son tocados, acariciados, e incluso cargaron durante periodos de tiempo. En cuanto a los elefantes machos, el vínculo maternal es igual de fuerte para el primer parte de su vida. Pero, al llegar a la adolescencia, los elefantes machos se vuelven más independientes y comienzan a aventurarse fuera de la manada durante largos períodos de tiempo. Con el tiempo, los machos se separan y permanecen solitarios, aunque mantener amistades con otros elefantes machos es importante. Sin embargo, los zoológicos y circos no reconocen ni valoran la importancia de estas relaciones familiares y sociales. La mayoría de los terneros son separados de sus madres a los dos años, si no antes.

Wankie, por su parte, nunca volvió a ver a su cría. Ella murió en 2005, en algún lugar en medio de Nebraska en la carretera interestatal 80. El Lincoln Park Zoo de Chicago, que entonces poseía el elefante, la había vendido a Salt Lake City. Evidentemente, las otras dos elefantas de Chicago, Tatima y Peaches, acababan de morir de micobacteriosis (una enfermedad que causa cojera). Wankie también estaba infectada y muriendo. Los ciudadanos locales querían que la llevaran al santuario en Hohenwald, Tennessee. Pero los funcionarios del parque negaron la petición. En cambio, enviaron a Wankie en un viaje de 2.250 kilometros en la parte trasera de un semirremolque sin calefacción. Con temperaturas bajo cero y asistentes disputando sobre si deberían colocar una lona sobre su jaula, Wankie se derrumbó. No se levantó. ¿Es posible que estaba pensando en Moja en sus últimos momentos?

Moja permaneció en el Tacoma Point Defiance Zoo hasta su sexto cumpleaños cuando fue vendida a un contratista privado. Así comenzó su vida miserable en la industria del circo. Curiosamente, pasó al menos una temporada trabajando junto a Tyke y Elaine para el Circus International. De hecho, ella estaba entre bastidores durante el infame 1994 espectáculo en Honolulu cuando Tyke mató a su entrenador, escapó a las calles de la ciudad, y fue matada a tiros por la policía. Ese entrenador no era otro que el propietario actual de Moja: Allen Campbell. Tras el incidente fatal, el Zoológico de Pittsburgh dio un paso adelante y se ofreció comprar la elefanta. La propuesta fue aceptada, y Moja fue enviada a Pennsylvania.

No oiremos de Moja de nuevo hasta el cambio de milenio. A finales de 2000, Moja, que había dado a luz a una becerra once meses anteriores, y Victoria, ya que fue nombrada, se preparaban a observar el primer cumpleaños de Victoria. Ella fue, de hecho, el primer elefante Africano nacido en los Estados Unidos que había sobrevivido más que un año a partir de 1985. La próxima vez que hubieron noticias de Moja fue en noviembre de 2002. Una mañana, Moja y Victoria fueron llevadas en una caminata, cuando decidieron hacer una parada no programada fuera de un café zoológico. Sus cuidadores no aprobaron porque no se permitían pausas ni alteraciones en la rutina. Uno de los cuidadores gritó órdenes con voz áspera y las amenazó con la picana, exigiendo que se movieran. Moja y Victoria se negaron. El argumento estaba escalando y en algún momento, la madre afirmó a sí misma. Derribó al cuidador y lo aplastó. Moja y su cría se alejaron de la escena. En un estado de pánico, el zoológico alertó a la policía de la ciudad. Los agentes llegaron y rodearon el parque, y el equipo de Armas y Tácticas Especiales fortificaron la entrada principal. Al final, esta demostración de fuerza no fue necesario -Moja y Victoria pronto fueron encajonadas por una asamblea de furgonetas y camiones y llevaron de vuelta a su recinto.

Parecía que el zoológico no tenia idea de como responder al ataque. Afirmó que tales eventos fueron "relativamente raros" y "en gran medida sin explicación." El jefe del comité asesor de elefantes de la AZA añadió: "No puedo decir que fue lo que causó que la elefanta en Pittsburg hubiera hecho lo que hizo. Es muy inusual que las hembras se comporten de esa manera." Incluso un administrador del parque señaló que M. era la más dócil de los elefantes del zoológico y un modelo de comportamiento subordinado. "Ella nunca ha amenazado a nadie. Ella nunca ha mostrado una mala actitud hacia nadie." Sin embargo, esta última afirmación fue probada como falsa casi de inmediato — cuando el expediente confidencial de M. se filtró a la prensa. Diez meses antes, M. había lesionado a otro entrenador durante un paseo matutino parecido.

Enfrentado con esta aparente contradicción, el zoológico confirmó que un incidente de este tipo si había ocurrido, pero que era de una manera "no agresiva." M., una portavoz explicó, se metió en una pelea con otro elefante, y su entrenador fue golpeado en el proceso. Fue accidental, y el hombre sufrió nada más que una pierna magullada. ¿Por fin decía la verdad el zoológico? No. La herida no sólo dejó al empleado con una lesión severa en la pierna y un colapso pulmonar, pero ademas, este ex entrenador de elefantes del Ringling Brothers Circus no pudo trabajar durante los próximos tres meses. Por otra parte, cuando el hombre volvió al trabajo, se negó a trabajar con un elefante jamas. En su mente, el accidente no fue casual. No importaba lo que dijo el zoológico. El sabía diferente. Moja le había herido a propósito, y lo inteligente era evitar todo contacto futuro con estos animales. Al parecer, el precedente estaba de su lado.

Consideremos, por ejemplo, el caso de Shanti, en el Lincoln Park Zoo. En febrero de 1994, estaban trasladando a esta elefanta de tres años, nacida en cautiverio, fuera de su recinto, cuando ella y su entrenadora se deslizaron simultáneamente en una superficie resbalosa. La pierna de Shanti cayó sobre la entrenadora y la mujer sufrió un trauma moderado. "En ningún momento apareció que era un acto agresivo de parte del animal hacia la entrenadora." Este fue un desafortunado accidente. Bueno, esa fue la historia de Lincoln Park y los funcionarios se mantuvieron firmes en ella. Pero, según una demanda subsiguiente, los eventos sucedieron de una manera muy diferente. Fue descrito que la joven elefanta había roto sus cadenas y la entrenadora estaba tratando de volver a asegurarlos. Cuando la mujer se deslizó y se cayó, fue deliberadamente pisada y corneada. La entrenadora sufrió varias costillas rotas, un esternón roto, un pulmón colapsado, y una herida de pinchazo profunda. El zoológico, no sin retorta, sostenó que estas lesiones fueron causadas, no por Shanti, pero por un par de alicates que la mujer llevaba en el bolsillo. Sin embargo, la entrenadora ganó el pleito y afirmó a la prensa que Shanti era una elefanta "ingobernable." Lincoln Park, evidentemente, llegó a la misma conclusión, como vendió a Shanti, al año siguiente, a un contratista privado.

Luego hubo el caso de Alicia y Cha Cha en el zoológico de San Diego. En 1991, una cuidadora fue asesinada en el parque al ser golpeado en la cabeza por un elefante. Biólogos del zoológico determinaron rápidamente que una pelea había desatado entre dos elefantas, Alice y Cha Cha, y de alguna manera la mujer se había atrapado en el medio. Era simplemente un caso de estar en el lugar equivocado en el momento equivocado, y su muerte, aunque trágica, fue accidental. Sin embargo, La Administración de Seguridad y Salud (OSHA), llevó a cabo su propia investigación. Se enteró de que la cuidadora era una entrenadora experimentada, y que en realidad ella había estado entrenando a una de las elefantas cuando la otra se acercó y la golpeó. ¿Fue esta una metedura de pata? ¿Fue que una elefanta quiso pegar a la otra elefanta pero se perdió el objetivo? Un incidente que tal vez fue parecido, ocurrió el mismo año en el Jardín Zoológico de Houston, proporcionó una clave. Dos paquidermos, Indu y Methai, estaban peleado cuando un entrenador intervino y les gritó que dejaran de pelear. Indu dio la vuelta y, "como un rayo," cargó. Arrojó al hombre contra una valla procedió a embestirlo repetidamente con la cabeza. Después del incidente, el zoológico no escatimó palabras. Indu, "deprimida y agresiva desde la muerte de su cría hace dos meses," agredió al hombre. De hecho, OSHA llegó a la misma conclusión sobre el incidente en San Diego: "entrenadora de animales muerta después de ser atacada por una elefanta."

Pero volvamos a Moja y su destino. Ella fue puesta en aislamiento inmediatamente después del ataque y se mantuvo allí hasta nuevo aviso. Pittsburg, como los otros zoológicos en circunstancias similares, tenía que tomar una decisión. ¿Transferiría a Moja a otra institución? ¿La vendería a un contratista? ¿La colocaría en un santuario? ¿O se arriesgaría y la mantendría? En última instancia, el zoo de Pittsburg optó por mantener la elefanta. Su razonamiento fue fríamente sencillo. Una portavoz explicó que "esta es una elefanta africana reproductora. Esta es una especie en peligro de extinción." Moja ya había dado a luz a una cría (que sobrevivió), y podría dar a luz a otro (y lo hizo en julio de 2008). Sin embargo, los administradores del parque todavía se enfrentaban a varios problemas sin resolver — todos de ellos involucrando a la elefanta y su comportamiento recalcitrante. Como un empleado resumió: "Ella puede haber aprendido que puede empujar a un ser humano fuera de su camino, y es posible que lo volvería a hacer cuando está enojada." Entonces, ¿qué fue la solución del zoológico? La respuesta consistía en imponer una norma de contacto protegido.

Conocido como PC, el contacto protegido es un sistema alternativo de gestión que se basa en los principios de (a) el refuerzo positivo (no la dominancia social) y (b) la prohibición del castigo físico. Su misión es mantener una barrera física entre el entrenador y el elefante en todo momento. Esto no sólo reduce el riesgo de ataques y heridas, pero también permite que los elefantes tengan opciones y control sobre su propio entorno. Bajo este sistema, paredes, cercas, alambres y barras -en lugar de picanas y palos- son lo que proporcionan los medios de protección. Significativamente, el desarrollo inicial de la PC tiene dos partes bien diferenciadas.

La primera ocurrió en San Diego, California. Era 1988 y Dunda, una elefanta africana, estaba siendo castigada por su desobediencia continua en el zoológico de la ciudad. Entrenadores habían encadenado cada una de sus piernas y las tenián estiradas y tensas. Empezaron entonces a darla una paliza con barras y garrotes, golpeándola por dos días seguidos. Cuando un video de esto fue televisado en una estación local, los espectadores reaccionaron con incredulidad y furia. Aguijoneado por la respuesta intensa, La Sociedad Zoológica de San Diego contrató a dos consultores externos, Gail Laule y Tim Desmond, para iniciar la implementación de un nuevo programa de gestión para los elefantes. Esto fue el comienzo de PC. El contrato del consultor duró nueve meses y se suponía que iba a ser renovado. Pero no lo fue y el proyecto quedó incompleto. La sociedad zoológica estaba apostando a la esperanza de que no habría más ataques. Tres años más tarde, cuando Alice mató a su entrenador, el zoológico fue obligado a salvar las apariencias y reiniciar el programa.

La segunda parte del desarrollo de la PC sucedió en Oakland, California. Su origen se remonta a las acciones de tres elefantes individuales. La primera tuvo lugar en 1988 en el Brookfield Zoo en Chicago, Illinois, cuando Patience tumbó una entrenadora al suelo, la empujó, y la arrojó contra una pared de piedra. El siguiente trascendió en 1990 en el Knowland Park Zoo. Esta vez, era Lisa quien se enfrentó contra la misma entrenadora (que ya se había trasladado a Oakland) y le arrancó el dedo de la mujer. El evento final se produjo en febrero de 1991, cuando otro elefante de Knowland, un elefante llamado Smokey, atacó y mató a un cuidador. En conjunto, estas acciones obligaron a los administradores de Oakland a hacer un cambio radical en sus métodos de entrenamiento. Ese junio Knowland Park implementó PC. Otros zoológicos harían lo mismo. ¿Recuerde Indu? Su institución empezó a usar este nuevo sistema de gestión y de forma rápida. En el Zoológico de Pittsburg, el segundo acto de resistencia de Moja motivó a los administradores de Pittsburg a hacer un anuncio sorprendente. Todos los elefantes del parque se pondrían bajo contacto protegido inmediatamente. Esta fue una victoria para Moja — aunque fue efímera. En los próximos meses, los administradores renegaron de sus promesas, y nunca implementaron PC. Hoy en día, la picana, el palo, y el garrote siguen en uso en el Pittsburg Zoo — es decir, hasta que Moja decide lo contrario.

## Flora

Le habían advertido al Miami Metro Zoo sobre su más reciente adquisición. Aunque Flora parecía ser muy dulce y de buena voluntad, igual podría ser todo lo contrario, tanto en el estado de ánimo como de comportamiento. Según su empleador anterior, esta elefante era "muy inteligente y siempre intentaba sobrepasar los límites." Flora nunca se acostumbró al cautiverio ni a las tareas que se le imponían y de vez en cuando se comportaba de una manera peligrosa e incluso mortal. Se requería una vigilancia constante con mucha cautela. Los dirigentes del zoo, si lo entendían o no, habían contraído un verdadero reto — uno que al final no pudieron superar.

Flora nació en Zimbabue en 1982. Dos años más tarde unos cazadores furtivos mataron a su madre y Flora fue capturada y vendida. Apareció en St. Louis, Missouri, donde fue el orgullo del Circo Flora, su tocayo. Durante la siguiente década y media ella trabajó para esta pequeña empresa de solo una pista. Actuaba en festivales de pueblos y en colegios y llevaba a niños de paseo montados en su lomo en fiestas de cumpleaños. Esas actividades eran su especialidad. En Bethune, South Carolina, donde pasaba los inviernos, toda una generación de niños creció dando esos paseos. Temporada tras temporada Flora debidamente entretenía a las masas y creó un sentido de buena voluntad entre los jóvenes y ancianos por igual. Todo el mundo respetaba a Flora y su alma La noticia del suceso se extendió rápidamente. ¿Fue un accidente? ¿Un ataque? ¿Estaba planeando escaparse? La policía del condado, los medios de comunicación regionales, y hasta un helicóptero de una cadena de televisión acudieron en masa a ese municipio rural. "Cuando recibimos la llamada, "comentó el alguacil, "dijeron que había un elefante desmandándose por el pueblo y que ya había dos personas heridas." Pero, "cuando llegamos, la pobre Flora estaba sentada en su jaula." Los administradores del circo dijeron después que la situación se había exagerado. Unos meses más tarde, Flora volvió a agredir.

Esta vez lo hizo en Carolina del Sur. Ella estaba paseando a los clientes del circo y parecía que todo andaba bien. Un amaestrador la vigilaba y los espectadores miraban todo con una mezcla de asombro y aprensión. Había terminado de dar una vuelta a una mujer que estaba bajando de su espalda. De repente Flora la agarró y la lanzó contra un árbol adyacente. Cuando la mujer cayó al suelo, Flora la cogió y la tiró dos veces más contra el árbol. Ella estaba harta de dar paseos. En 2001 el circo la vendió al zoo de Miami.

Los dirigentes del Miami Zoo hicieron algunos cambios. Primero, prohibieron los paseos en elefantes. No fue una decisión inusual. En 1992, el zoo de San Antonio los prohibió después de que Ginny, una elefanta asiática ya fallecida, matara a un domador. Una década más tarde, después de dos ataques hechos por sus elefantes africanas, Cita e Ivory, el zoo de Indianápolis se vio obligado a hacer lo mismo. Para los administradores de Miami esa fue una decisión sensata. Bien conocían la fama de Flora y no querían correr el riesgo de bregar con los pleitos de las posibles víctimas de la agresión de ella que hubieran sido económicamente desastrosos.

Segundo, iniciaron un nuevo programa de amaestramiento. Sabían que se necesitaban medidas de control bastante grandes para dominar a esa elefanta recalcitrante. Si no, perderían la supremacía. Durante el primer año el programa funcionó bien y la elefanta estuvo tranquila. Pero, a principios del siguiente año el zoo empezó a tener problemas. Durante una sesión especial de amaestramiento en grupo, Flora tiró a un guardián al suelo y le pateó. Continuó dándole puntapiés haciéndole rodar por el suelo como si fuera una lata pateada por un niño en la calle. Al final el hombre terminó el viaje contra un montón de rocas. Se rompió un brazo, el bazo quedó contusionado y su cerebro dañado. "Fue bastante irónico," reconoció francamente un portavoz, "porque estaban dando un discurso sobre la necesidad de dominar a los elefantes y mientras contaban como el domador subalterno intentaba controlar al elefante grande, pasó eso. Fue como una batalla de voluntades." Pues, Flora había ganado esa batalla, y para ver lo que iba a ocurrir a continuación solo hacía falta que los administradores estudiaran la historia de otros tres elefantes contemporáneos, Sissy, Callie y Winkie.

Sissy había estado en el zoológico de El Paso durante solo seis meses, pero para los dirigentes esos seis meses fueron demasiados. En Houston, donde estuvo antes de llegar a El Paso, no duró ni un año. Pero los problemas habían empezado aún antes, en el Frank Buck Zoo en Gainesville, Texas, donde aplastó al supervisor del parque, matándole. Después de ese suceso, como era más o menos ingobernable, nadie se atrevía a correr el riesgo de quedarse con ella por mucho tiempo. Entonces, ¿qué iba a hacer el zoo de El Paso? En una palabra, Hohenwald. Este santuario en Tennessee siempre ha estado dispuesto a acomodar a cualquier elefante hembra a pesar de su reputación. Pero, hubo un obstáculo significativo que impedía el traslado. Los zoos harán casi cualquier cosa para evitar reconocer que es posible que no sean capaces de cuidar adecuadamente a un animal. Y de ninguna manera querían reconocer que un animal es capaz, por medio de sus propias acciones, de obligar a un zoo a liberar y trasladarlo a un santuario. Por eso, el órgano rector de la industria (AZA), se niega a admitir la existencia de Hohenwald. Para ellos, los santuarios no pueden ser una alternativa. No quieren reconocer que un animal podría ser más feliz y estar más sano viviendo en otro lugar. Esa actitud arrogante por parte de AZA sufrió un golpe cuando en 2008 la revista Science publicó un estudio exhaustivo que demostró que los elefantes cautivos solo tienen la mitad de la esperanza de vida de la que tienen los que viven libres en Asia o en África. Pero la industria de los zoos es muy obstinada. Ha elegido ignorar por completo los datos y sostienen con firmeza su posición. Sin lugar a dudas, eso es lo que pasó en el caso de Callie y el zoo en Los Ángeles.

Callie era una elefanta con muchos problemas de salud que estaba envejeciendo. Tenía una lesión crónica en la pata debido a un accidente de un remolque, una enfermedad degenerativa de las articulaciones, como resultado de haber estado durante años de pie sobre cemento y hormigón, y tenía tuberculosis como consecuencia de las malas condiciones de su vida y la falta de cuidado veterinario. También la consideraban rebelde. En 1996, delante de una multitud de visitantes embistió a un domador, le tiró al suelo e intentó pisotearlo. Públicamente, el zoo afirmó que esto fue un accidente, "muy raro" y que Callie simplemente "se deslizó." Pero se puso de manifiesto en un informe hecho por OSHA pero no difundido al público que "era conocida por ser difícil de dominar" y "la menos controlable de las seis elefantas del zoo." Por todas esas razones y más, el zoo quería deshacerse de este gigantesco dolor de cabeza. Cuando se dieron cuenta del plan, los ciudadanos del sureste de California pidieron que se enviara a Callie a un santuario para que acabara allí sus días. El zoo hizo caso omiso de las suplicas y la enviaron por la costa del Pacifico al zoo de San Francisco — una institución posiblemente con peores instalaciones que la de Los Ángeles. Tinkerbelle había estado viviendo allí desde la década de los sesenta y tenia las mismas dolencias que Callie. Encadenada de quince a dieciséis horas diarias a una losa de cemento enfermó de las articulaciones y tenia dolor debilitante en las patas. Tinkerbelle también podía ser recalcitrante: atacó a un veterinario en 1988 y dos años más tarde empujó deliberadamente a un domador de una plataforma de diez pies de altura. En cualquier caso, allí es donde enviaron a Callie. Sería sacrificada por eutanasia en 2004. En cuanto a la decisión de El Paso, los administradores decidieron abstenerse de tales controversias por completo y llevar a Sissy a Tennessee sin decir nada ni a la prensa local ni al público. Desaparecía de los registros oficiales. Sería igual para Winkie.

En el Vilas Park Zoo en Madison, Wisconsin, esta elefanta de treinta y dos años había liado las cosas. Bien conocida por su mal temperamento, Winkie después de dos años llegó a ser demasiado difícil y el zoo ya no podía controlarla. Primero, en 1998 a un amaestrador le tiró como si fuera un trapo, e inmediatamente después otra elefante, Penny, se agachó sentándose sobre él. Winkie ya había lesionado a ese mismo amaestrador dos veces antes. Luego, en 1999 mientras un veterinario examinaba sus patas ella le agarró con la boca de manera agresiva. El director del zoo reconoció plenamente que se había tratado de un ataque. "Parece que Winkie no reacciona bien con los desconocidos. Es su forma de ser." Con miedo de lo que pudiera hacer a continuación, Vilas Park empaquetó a la elefanta tan sigilosamente como pudo y la enviaron a Hohenwald como si nunca hubiera estado en su zoo.

¿Qué pasó con nuestra elefanta del principio, Flora? El Miami Metro Zoo por fin tuvo que aceptar la cruda realidad. Como explicó la jinete a quien Flora atacó en 1999: "Creo que los elefantes no están destinados para ser cautivos. A medida que maduran llegan a un punto que no lo soportan más. No es su culpa, solo está siendo cada vez mas infeliz." Siguiendo el ejemplo de El Paso y Vilas Park, el zoo de Miami decidió enviar a la elefanta a vivir donde las colinas se cubren de árboles en Tennessee. Llegó en febrero de 2004. Flora, Sissy y Winkie permanecen allí, vivas, sanas y felices.

# CAPÍTULO TRES

# LOS MONOS SE VUELVEN SALVAJES

Los residentes de Bellaire estaban acostumbrados a ver diversas cosas, pero los monos no figuraban entre ellas. Así que cuando un macaco japonés apareció en las afueras de esta ciudad del sudeste de Ohio en 1988, la gente se dio cuenta. Al principio no sabían qué pensar. ¿De verdad había un mono viviendo en el bosque? ¿O fue que simplemente lo habían imaginado? Las dudas empezaron a despejarse cuando llegaron noticias de que un animal que se ajustaba a la descripción del mismo mono faltaba del Pittsburgh Zoo. Sin embargo, esta noticia sólo dio lugar a más preguntas. Ese mono se había escapado hacia más de seis meses y la ciudad de Pittsburgh queda a más de noventa y seis kilómetros de distancia de Bellaire. ¿Podría haber hecho una hazaña tan extraordinaria?

Alphie nació en Texas. Cuando era joven fue llevado al zoo de Pittsburgh para trabajar en la sección infantil del zoo. Al través de los años creció y engendró sus propios hijos. Según todos los informes era muy apreciado en el zoo — tanto por los visitantes como por los cuidadores. Su fama crecería aun más el día 23 de julio, 1987. La noche anterior, a causa de una fuerte tormenta que había traído lluvias y vientos, el zoo sufrió algunos daños moderados: objetos volcados y ramas de árboles caídas, una de las cuales cayó dentro de la exhibición de los macacos japoneses. Alphie y otros dos macacos lograron convertir la rama en un puente y así escaparon.

Temprano a la mañana siguiente, los amaestradores se dieron cuenta de que algunos monos habían desaparecido. En seguida empezaran a buscarlos. Sin embargo, como el área donde tuvieron que rastrear era de más de treinta y una hectáreas, no iba a ser una tarea fácil. Los tres macacos podían haber estado en cualquier parte. Y para empeorar las cosas, los monos no son muy grandes y son expertos en esconderse. Empleados y voluntarios se dispersaron por la zona, buscando a los monos por todos lados. A media tarde habían encontrado a dos de los pequeños bribones. Pero Alphie resultó más difícil de encontrar. No sólo logró salir de los terrenos del parque y llegar a las afueras del zoo y al vecindario de Highland Park, sino que se había dirigido hacia el norte y cruzado un puente del río Allegheny en horas punta. Los administradores del zoo estaban consternados, pero no se dieron por vencidos.

En los días siguientes, la policía de la ciudad, los empleados del zoo y numerosos voluntarios establecieron una redada y recorrieron la región. Utilizaron trampas y distribuyeron comida drogada. No tuvieron suerte. Residentes informaron haberlo visto: "!Está en mi patio trastero!" Pronto llegarían los empleados del zoo, verían a su presa, y rápido apuntarían con su pistola tranquilizante. Alphie, sin embargo, siempre estaba un paso por delante. Esquivaba el dardo y desaparecía entre los árboles. El zoológico aseguró a los medios que éstos eran contratiempos temporales. Como había nacido en cautiverio, no podría sobrevivir por su cuenta. De todas formas, Alphie estaba contento en el zoo y le gustaba ser cuidado. ¿Por qué no querría volver? Pero a medida que los días se hicieron semanas, su confianza menguaba. Pensaron que Alphie no volvería vivo. Seguramente estaba muriendo de hambre. Tal vez ya habría muerto.

Pero esta presunción resultó ser errónea porque pronto tuvieron noticias de que el macaco había sido visto de nuevo. Estaba vivo y sano y se dirigía al estado de West Virginia. Debía haber dado la vuelta después de la búsqueda inicial y cruzado el río Ohio. Los medios de comunicación se quedaron pasmados. ¿Realmente podría un mono hacer eso? La repuesta es definitivamente que sí, y Alphie no ha sido el único que ha hecho tales proezas.

En el otoño del año 2007, un mono capuchino carablanca llamado Oliver se escapó dos veces en un periodo de cuatro días del Tupelo Buffalo Park y Zoo en el noreste del Mississippi. La primera vez forzó la cerradura de su jaula y permaneció fugado durante seis días. El zoo intentó engatusarlo con patatas fritas, dulces y el Fruit Loops cereal, pero sin éxito. Finalmente, un empresario local ofreció una recompensa en efectivo. Alguien dio el soplo de que estaba cenando en el huerto trasero de un patio. El zoo gastó $300 en cerraduras más seguras y metió al mono de nuevo en su jaula. "Yo sé que no estaba feliz cuando lo pillamos," explicó el director del parque. De hecho, Oliver rápidamente logró forzar las nuevas cerraduras y se escapó otra vez. "Los capuchinos ven muchas cosas y son capaces de imitar muy bien," comentó a regañadientes el zoo. Oliver "podría tener un pedazo del alambre escondido en su jaula, o algo así."

En el San Francisco Zoo en noviembre de 1994, un grupo de cinco monos Patas lograron huir de su recinto. También utilizaron una rama de un árbol a modo de puente. Una hembra subió por encima del muro exterior del zoo y llegó al vecindario del Lago Merced. Otro pronto la siguió. El zoo no podía encontrar a ninguno, y pidió al público que le ayudara: "Por favor, llámennos si tienen alguna información al respeto." Pero todavía no hay ninguna noticia sobre ellos. Curiosamente, se han encontrado monos viviendo de forma autónoma en muchas partes de los Estados Unidos.

Por ejemplo, durante el verano del 1992, el área de Miami estaba llena de monos. Se encontraron en los árboles, patios, las calles y en los centros comerciales. Aparecieron por toda la ciudad y en las afueras. "Por alguna razón," se preguntó un oficial de La Pesca y Caza, "en el sur de Florida ha habido un aumento increíble de macacos en los dos últimos meses." Uno atacó a un niño y otro persiguió a un policía. "Son como pequeños presos fugados. Están armando alborotos," comentó el propietario de un servicio de la captura de animales cuyo negocio andaba mejor que nunca. Había atrapado a tres monos en poco menos de un mes. Mató de un tiro al cuarto. Ahora buscaba al quinto: el bandido del aparcamiento. "Se comportaba como un pequeño ladrón," contó un conductor de camión de reparto. "Cuando veía un coche desocupado, intentaba abrir la puerta. Y cuando yo le decía que 'no,' me agredía."

En mayo de 1996, divisaron a un mono cerca del Centro Comercial del Staten Island en la ciudad de Nueva York. Durante cuarenta y cinco minutos cuatro agentes del servicio de emergencia trataron de atraparlo, pero huyó a un pequeño bosque. "Nunca nos acercamos más de siete metros y medio de él," reconoció uno de los hombres. "Corría muy rápido. Probablemente subió a un árbol y jamás volveremos a verlo." Y así fue. En abril de 1999, la policía de Sarasota, Florida mató a un mono Rhesus de un tiro. Algunos residentes dijeron que el animal había estado viviendo en la zona durante varios meses. Un año más tarde, avistaron a tres monos en el condado de Sussex, Virginia. Un motorista que iba por la carretera I-95 fue quien dio la primera noticia: "dos monos acaban de arrojar una banana a mi coche." Y la policía estatal que acudió al lugar para investigar los hechos, fue recibida con un aluvión de manzanas silvestres. Los monos se escabulleron. Nadie sabía de dónde habían venido. La mayoría de los dueños de mascotas, igual que los zoológicos, avisan a las autoridades cuando sus monos desaparecen. Algunos especularon que los monos podrían haber escapado de un comerciante de animales exóticos o de un circo ambulante. Pero eso fue pura suposición. Sin embargo, hubo otra siniestra posibilidad: que eran fugitivos de laboratorios.

El Centro Nacional de investigación de primates de Tulane (TNPRC) ha tenido el porcentaje más alto de fugas masivas. Ese centro, que fue fundado en 1964, está ubicado en Covington, Louisiana, en frente de la calzada elevada de Nueva Orleans. Realiza investigaciones biomédicas con virus, bacterias y parásitos. Tiene más de 5.000 monos de distintas especies. La primera gran fuga ocurrió en 1987. Cien monos Rhesus se escaparon de su corral y huyeron a los pantanos. La segunda sucedió en 1994: veintiocho macacos coletas lograron salir del terreno del Centro. La labor de captura era cada vez más larga y no siempre exitosa.

El prolífico comerciante de animales exóticos del siglo XIX, Carl Hagenbeck, escribió sobre una expedición comparable en el norte de África. Estaba acorralando a algunos babuinos que los laboratorios de entonces utilizaron (y hoy día siguen utilizando, incluyendo el TNPRC) para sus investigaciones. El comienzo de la caza era normalmente fácil: poner las trampas y esperar. Lo difícil empezó después de capturarlos, "porque los babuinos están dotados de gran fuerza y fácilmente podrían romper una pared de su jaula." Por eso era necesario proceder con rapidez. Sujetaban a los animales más jóvenes con un palo bifurcado y los amordazaban; ataban sus patas y manos y envolvían sus cuerpos en paño para que quedaran inmovilizados. A los padres y los babuinos de mayor edad los mataron según llegaron de un tiro porque no podían bregar con ellos. Lo que había que hacer después era largarse del lugar y llegar lo más lejos posible, porque los babuinos que no habían sido capturados o matados volverían y lucharían por sus amigos y parientes. Hagenbeck describió varias de estas "batallas": "Justamente en medio del combate con el enemigo," recordó, "un gran macho rescató a un pequeño babuino que había sido herido por el golpe de una porra y lo llevó a un sitio seguro. En otro caso, una hembra que llevaba un bebe en su espalda recogió a otro cuya madre había sido herida de un balazo y se lo llevó." A veces los cazadores podían repeler esas intervenciones. Otras veces los babuinos ganaban y abrían algunas jaulas. Y la situación iba de mal en peor porque las caravanas de los babuinos cautivos con frecuencia eran atacadas a lo largo del camino al puerto. Hagenbeck escribe sobre babuinos que han perseguido a los cazadores muy lejos de los lugares de la captura, peleando formidablemente para rescatar a los suyos. ¿Eran éstos los mismos animales del lugar de las capturas persiguiendo a la caravana? ¿O eran otros que habían oído los gritos amortiguados de sus hermanos y llegaron para ayudarlos? Hagenbeck no lo sabía.

La tercera fuga masiva en Tulane ocurrió en 1998. Veinticuatro monos Rhesus irrumpieron por la puerta principal. Al parecer, habían descubierto la manera de forzar la cerradura de su celda de detención. Todos menos uno fueron capturados en los siguientes días. Los Rhesus formaron parte de una remesa que había llegado del Henry Vilas Zoo en Madison, Wisconsin. Un escándalo se desató allí y La Universidad de Wisconsin, la dueña legal de los monos, quería desesperadamente deshacerse de ellos.

El problema empezó en agosto de 1997. El periódico principal de la ciudad había revelado que el Centro de Investigación de Primates de la Universidad estaba utilizando los monos para sus investigaciones y matando a algunos. Era una violación flagrante de un acuerdo previo por escrito entre la Universidad y el Vilas Zoo. De acuerdo con el contrato, se podía utilizar a los monos pero sin causarles daño en modo alguno. El contrato no permitía experimentos invasivos. Después de las acusaciones iniciales, la Universidad fingió no conocerlos. Pero a medida que iba aumentando la evidencia, reconoció su culpabilidad en los hechos. Habían utilizado sesenta y cinco monos Rhesus en sus investigaciones del SIDA; veintiséis fueron sacrificados por sus tejidos y órganos. Vendieron a ciento diez a otros centros de investigación — a Hazleton (ahora conocido como Convance), Ciba-Geigy, Baxter-Travenol y a varias universidades. Y el centro había obtenido de $1800 a $2500 por cada mono vendido. En respuesta a las protestas del público, la decana de la Escuela Postgrado, Virginia Hinshaw (actualmente canciller de la Universidad de Hawai), reconoció haber estado enterada de las violaciones durante más de un año, pero no había hecho nada al respeto. Prometió que en adelante los monos serían bien cuidados y que encontrarían lugares donde podrían vivir a largo plazo. Una vez más escolares recaudaron fondos para la causa. Un santuario en Texas ofreció albergar a los monos y pagar el coste del transporte. Sin embargo, Hinshaw no cumplió su promesa. En marzo la Universidad de Wisconsin envió su primera remesa de cien monos a Tulane. Como no encontraron un laboratorio que quisiera a los últimos cincuenta monos, irónicamente fueron enviados al santuario de Texas.

La cuarta fuga masiva de Tulane ocurrió en 2003. Dos decenas de monos Rhesus lograran llegar a los pantanos. Ocho se quedaron en libertad. En 2005 cincuenta monos más huyeron. Ejecutivos del laboratorio aseguraron al público que no había peligro alguno porque los fugados no habían sido utilizados de forma primaria para las investigaciones. Sin embargo, eso no les hizo sentirse seguros a los trabajadores del laboratorio que buscaban a los monos vestidos con trajes de protección. Al día siguiente, seis monos Rhesus quedaron en paradero desconocido.

Un macaco escapado del Centro de Investigación Nacional de Primates de Oregón permaneció en libertad durante tres días antes de ser capturado. Un mono ardilla del Centro de Investigaciones de Primates de New England consiguió evadir su captura durante diecisiete días, y recorrió una distancia de más de dieciséis kilómetros antes de ser atropellado por un coche en la carretera. En la Universidad de Florida un mono Rhesus escapó de las manos de los cuidadores cuando lo estaban trasladando de su jaula. Luchó por su libertad: esquivó a los cuidadores, rompió una puerta de malla de acero, y arrancó la mosquitera de una ventana. "Tendremos que engañarlo," dijo un representante del centro. "Esperemos ser más inteligentes que él." Dirigentes del Centro Nacional de Primates en Davis, California no lo eran. En febrero de 2003, una mono Rhesus hembra se esfumó mientras los trabajadores limpiaban su jaula. Dos semanas más tarde todavía no sabían por dónde se había ido. Presumieron que hubiera bajado por un tubo de drenaje donde se habría ahogado en las alcantarillas. Nunca encontraron su cuerpo.

Pero no sólo han sido los monos los que han frustrado a los laboratorios. En marzo de 2008 en el Centro Keeling de Medicina Comparativa e Investigación en Bastrop, Texas, un chimpancé de dieciocho años, llamado Tony, saltó cuatro metros y medio en el aire, agarró la parte superior de una pared y escaló al otro lado. Luchó con el guardia que le perseguía dejándolo en el suelo y le quitó la pistola tranquilizante. El policía le mató a tiros. "La fuga de un chimpancé," aseguró un portavoz después, "es un suceso extraordinariamente raro en la mayoría de las circunstancias." No es cierto. Slo un año antes, tres chimpancés habían huido del Centro Keeling. Jake, uno de ellos, fue capaz de eludir a los que lo buscaban durante varias horas antes de ser sedado y devuelto a su recinto. Pero Jake escaparía de nuevo — en abril de 2008.

Pero volvamos a nuestro macaco original, Alphie. Salió del estado de Pennsylvania y llegó al estado vecino, West Virginia. A partir de entonces, fue avistado esporádicamente. Muchas personas, deseosas de ver al fugitivo, dejaban comida en sus patios y esperaban que viniera a comer. A su vez, el Pittsburgh Zoo mandó poner trampas por la zona. Pero Alphie siempre parecía estar un paso por delante de los buscadores, como si comprendiera la necesidad de seguir huyendo, y en algún momento a principios del año nuevo, pasó al estado de Ohio.

Los ciudadanos de Bellaire parecían estar muy fascinados con su visita. Multitudes, llevando cámaras, acudieron a esa pequeña ciudad para capturar su imagen. Alphie era una celebridad. Pero el Pittsburgh Zoo, no lo vio así. Quería recuperar a su mono y por eso contrataron a un cazador de recompensas para conseguirlo. Seis meses después de su huida inicial, la suerte de Alphie se acabó. El veintisiete de enero, en Bridgeport, unos pocos kilómetros al norte de Bellaire, fue capturado.

Ese macaco había viajado más de noventa y seis kilómetros. El zoo no escatimó gastos y envió de vuelta a su famoso fugitivo en un helicóptero.

Al llegar, un equipo médico le hizo un examen físico completo, el resultado del mismo les sorprendió. Porque no sólo había aumentado de peso cuando andaba libre, sino que descubrieron que tenía el virus del Herpes B. ¿Lo habría contraído en sus viajes? Dudoso. Lo más probable era que todo el clan de macacos del parque hubiera sido infectado desde hacía mucho tiempo. El zoo consideró prudente guardar la noticia en secreto.

El virus de Herpes B está muy extendido entre los macacos, pero no es letal para su especie. Pero puede serlo para los seres humanos que lo han contraído, la tasa de mortalidad es del setenta por ciento. Las maneras más habituales de contagiarse son por los arañazos y las mordeduras. El Pittsburgh Zoo bien entendía el riesgo. No obstante, el zoo razonaba que, como hasta donde se sabía Alphie nunca había sido agresivo, debería ser devuelto a la sección infantil del parque y su nuevo recinto "a prueba de escape." Pero no todos los monos son tan pasivos en su trato con cuidadores o visitantes.

Por ejemplo, en diciembre de 2008, tres macacos en la provincia de Guangdong, China, atacaron a sus dueños. Eran artistas callejeros, expertos en ciclismo. Tal trabajo es muy duro y la disciplina puede ser severa. Durante una actuación, uno de los monos fue golpeado con una porra cuando se negó a obedecer una orden. Los otros dos, que habían visto el castigo, atacaron a su dueño: le tiraron del pelo, retorcieron sus orejas y le mordieron el cuello. El macaco lesionado cogió la porra del suelo y golpeó al hombre hasta que el palo se rompió. "Esos monos eran salvajes y no siempre pueden, por su naturaleza, adaptarse a hacer estos ejercicios," reconoció el dueño.

En el Circo de la Asociación de Policía de Portland, Oregón, dos monos atacaron a su cuidador. Le golpearon duramente y le arrastraron a las gradas donde arremetieron contra los espectadores. Era una escena loca lo que, sin duda, dio lugar a muchos pleitos. Pero esos ataques, por mas aterradores que son, no llegan a ser tan espantosos como los que ocurren dentro de los laboratorios de investigación. En 1991, un mono en el Centro de Investigación Toxicológica en Jefferson, Arkansas, arañó a un empleado infectándole con el virus Herpes B. El hombre sobrevivió y demandó al gobierno federal por cien millones de dólares. Una científica en el Yerkes Centro Regional de Primates en Atlanta, Georgia no fue tan afortunada. En diciembre de 1997, un macaco le arrojó un líquido a los ojos. Un mono podría morder o arañar a alguien que hacia lo que ella estaba haciendo," dijo el Centro después. Pero, o el macaco la había escupido o echado orina por la tapa de malla de la jaula. La mujer se murió seis semanas después del Herpes B. El Centro para el Control de Enfermedades examinó muestras de sangre de los 231 trabajadores en el laboratorio y encontró que cuatro habían sido infectados con distintos virus, sin saberlo. "Cada uno de los cuatro declaró que había sido herido por esos monos, y algunos tenían mordeduras o arañazos graves," concluyó el Centro en su informe.

Solo dos años antes hubo una erupción de Ébola en Reston, Virginia. De 178 empleados en el Laboratorio de Investigación de Hazleton, seis habían contraído el virus mortal. Todos habían sido atacados por un macaco antes de enfermar. Últimamente, el público se enteró de que los monos ya estaban infectados con Ébola antes de llegar al laboratorio. Habían llegado de Ferlite, un criadero en las Filipinas con quien Hazleton siguió negociando aún después de lo ocurrido. De esto, no estaba enterado el público. Los dos cargamentos que llegaron en enero de 1990 y marzo de 1996 llevaron macacos infectados.

En cuanto al Pittsburgh Zoo, seguía exhibiendo a Alphie durante los siguientes tres años. Cuando salió a la luz que él y otros ocho macacos estaban infectados con Herpes B, la gente se quedó escandalizada. ¿Por qué habían ocultado esa información durante tanto tiempo? ¿Cuáles fueron los riesgos para los que habían visitado el zoo durante todo ese tiempo? ¿Y ahora qué iban a hacer al respeto? El director del zoo reconoció que el sigilo fue un grave error de juicio por parte de la administración previa, pero dijo que los peligros, aunque real, eran mínimos y que los macacos ya estaban en cuarentena y solo tendrían interacción limitada con los empleados del parque. Alphie y los otros macacos infectados permanecieron encerrados hasta julio de 1994 cuando fueron enviados a un nuevo destino. Su nuevo hogar sería el Ashby Acres Wildlife Park en New Smyrna, Florida.

## Little Joe

¿Cómo iban a custodiar a Little Joe, un gorila adolescente que pesaba 136 kilos? Con alambres electrificados. No había manera alguna que él pudiera entender como escaparse de un recinto equipado así. Es cierto que el gorila acababa de hacer algo que ningún simio debería haber sido capaz de hacer, escapar después de cruzar un foso de de tres metros y medio de anchura y de profundidad. Pero el Franklin Park Zoo se aseguró a sí mismo y al público que estos cables de choque serian la solución e impedirían que hiciera otra huida. ¿No es cierto? Pues, no. Sólo un mes más tarde, en septiembre de 2003, Little Joe se burló de sus captores otra vez y se escapó de su recinto. Y esta vez salió en las noticias nacionales.

En repuesta a la avalancha de preguntas sobre el evento, el zoo de Boston, Massachusetts, respondió con cierta indiferencia. ¿Cómo logró pasar por los cables? No sabemos. ¿Por el foso? No sabemos. ¿Es posible que un adolescente gorila sea más inteligente que un grupo de cuidadores, conservadores, e ingenieros, todos con mucha experiencia? Sin comentarios. El portavoz del zoo se limitó a repetir, "Nos queda mucho por aprender y revisaremos lo que ha pasado." Cuando se le presionó para obtener una respuesta mejor, un empleado se salió del guion oficial y ofreció su opinión personal y honesta del suceso. Los gorilas "pasan por una etapa del desarrollo durante la cual, física y psicológicamente, son cada vez más fuertes y altos, y por eso su custodia a esa edad puede ser un reto cada vez mayor." Había insinuado que los gorilas pueden resistir su cautiverio. De hecho, si este empleado comprendió plenamente la potencia de lo que había dicho o no, es cierto que estos animales sí que tienen una larga trayectoria de superar en estrategia hasta las mejores ideas y los diseños utilizados por los parques zoológicos.

En el Zoo de Los Ángeles, una gorila que se llama Evelyn se escapó siete veces durante un periodo de veinte años. Ella nació en 1976 y era la cría de los dos únicos gorilas supervivientes de las tierras bajas de África que tenía el zoo - es decir, eran los únicos que habían vivido lo suficiente para contar la historia de su traslado de las selvas de África

Occidental al centro urbano del sur de California. Los otros cuatros monos habían muerto poco después de llegar debido a una combinación de negligencia y pura estupidez por parte del personal. A pesar de eso, allí es donde Evelyn vino al mundo y donde también crecería – tanto en tamaño como en ingenio.

Su fuga más notoria sucedió en octubre de 2000. No sólo consiguió salir de su recinto, sino que paseó por el parque durante más de una hora. Los visitantes fueron evacuados. Helicópteros de la televisión, con sus cámaras enfocadas hacia abajo, sobrevolaban el zoo buscando desesperadamente a la gorila esquiva. Cuando por fin los cuidadores la localizaron, la dispararon un dardo tranquilizador, pero Evelyn se lo quitó y llegó tropezando a un baño cercano. Allí la acorralaron y tranquilizaron con otro dardo. Los administradores del parque no se explicaban cómo había podido salir de su recinto. Anteriormente había escapado con la ayuda de otro gorila que la ayudó a subir por encima de una pared muy alta. Pero pareció que esta fuga la había hecho sin la colaboración de ningún otro gorila. Los cuidadores supusieron que habría utilizado algunas parras para escalar el muro. En cualquier caso, Evelyn no fue la única gamberra en este zoo de California.

En julio de 2000, Jim, un gorila de trece años, se escapó. Mientras se acercaba a un grupo de escolares, un guardián lo roció con agua de una manguera de incendios. "Jim echó a correr" exclamó el hombre, "y se remontó por encima de una fosa de tres metros y medio de ancho y aterrizó sin tambalearse." En otra ocasión, se dio cuenta de que se habían olvidado de cerrar su jaula y se largó. Los gorilas prestan mucha atención a esas cosas. Son conscientes de las idas y venidas de los empleados y voluntarios y saben si las puertas han sido bien cerradas con llave. En el verano de 2004, la vigilancia de siete gorilas de Columbus, Ohio, les valió para escapar de su jaula. No consiguieron salir del edificio principal de los primates ni a los terrenos del zoo, pero, por lo menos, tuvieron la oportunidad durante unas horas de andar explorando la instalación. Otra gorila, Mema, del San Diego Zoo, logró escapar de su jaula de exposición en el verano de 1992. Durante dos horas y media anduvo por el parque asustando a los visitantes y eludiendo a los cuidadores y sus dardos. En el Miami metro Zoo del mismo año, un gorila llamado Jimmy decidió tomar las riendas y forzó la cerradura de su jaula. Desde hacía algún tiempo los directores del zoo se habían percatado de que Jimmy estaba intentando aprender a abrir cerraduras, pero no se preocuparon porque siempre había fracasado. Se sentían seguros de que nunca podría comprender su complejo mecanismo. Se equivocaron.

Por supuesto, la paciencia es una virtud que no todos los primates comparten. Algunos gorilas se conforman con esperar hasta que un guardián cometa un desliz o pasan meses aprendiendo el arte de abrir cerraduras, pero no todos. Siempre han sido algunos, como Little Joe o Evelyn, los que han sido más activos y dispuestos a resistir de forma inmediata. Algunos han tratado de echar abajo las puertas con fuerza bruta. Ese método le sirvió a Jim una vez en Los Ángeles. En otra ocasión Togo, un gorila en el Toledo Zoo, arrancó el techo entero de su jaula de exposición. Y algunas veces encorvó los barrotes de su jaula e intentó salir por las aberturas. Pero cuando el zoo le colocó detrás de una capa gruesa de vidrio irrompible, empleó una estrategia que podía haber sido la más astuta de todas. "A ver si puede escapar de esto," debían haber dicho sus guardianes. Togo, nunca sin una solución, estudió el nuevo sistema por un momento y comenzó a quitar la masilla que sostenía la ventana en su lugar.

Otros gorilas han utilizado sus habilidades atléticas para fugarse. Por ejemplo, un gorila no identificado del Pittsburgh Zoo se lanzó por encima de un foso de casi cinco metros. Agarró un tallo de bambú que utilizó como una pértiga y saltó al otro lado. Después de que el caos hubiera amainado y cada pregunta hubo sido contestada, los medios de comunicación todavía se quedaron incrédulos. Los gorilas se ven tan grandes y lentos que parecen ser gigantes torpes y letárgicos. Es imposible que puedan ser tan ágiles y acrobáticos. ¿O es qué pueden? Que sí, dijo un portavoz, pueden. Y aunque los directores del Pittsburgh podrían haber sido sorprendidos por la manera en que el gorila ejecutó su fuga, no estuvieron totalmente desprevenidos. De hecho, habían creado un equipo cuya misión era crear estrategias para bregar con y prepararse para los inevitables escapes de los primates. (Animal Escape Procedure Team for Primates). Estos animales saben lo que es la libertad y la quieren. Al final del día, el zoo aseguró a los visitantes que iban a recortar el bambú para que ningún gorila pudiera repetir la misma maniobra. Les tocaría a estos primates descubrir nuevas maneras de escapar.

Otra hazaña que merece mención fue la huida de un gorila de trece años, el ágil Jabari. En 2004 en el Dallas Zoo, salió de su lugar de exposición que fue, según el director, "entre los más seguros de todo el país." Esa estructura había sido fortificada solo unos años antes. Después de la fuga en noviembre 1998 de otro gorila, Hércules, el zoo fue multado con $25,000 por el Departamento de Agricultura de los Estado Unidos. Los ejecutivos del zoo prometieron que nunca volvería a pasar y contrataron a consultores, e inspeccionaron los recintos y lugares de exposición de gorilas por todo el país. Determinaron que el mejor diseño sería una pared con un singular diseño: cinco metros de altura y de forma cóncava, garantizada, según los expertos, para impedir escapes. Ningún gorila podría hacerlo. Sin embargo, Jabari logró hacer lo imposible. Como el director del zoo reconoció más tarde, el "debe haber escalado la pared...hemos quedado estupefactos."

¿Y cómo olvidarse de Bokito del Diergaarde Blijdorp Zoo en Rotterdam? En 2007, él escaló varios muros de piedra que supuestamente eran imposibles de escalar. Y después, de alguna forma, consiguió cruzar un foso lleno de agua. "Extraordinario," dijo un portavoz del zoo, "porque los gorilas no saben nadar." Es significativo que eso sigue siendo un punto de debate entre los biólogos. Algunos dicen que no, que se hunden como una piedra. Otros dicen que es posible que sepan nadar. Teóricamente ellos podrían chapotear un poco antes de morir ahogados. De cualquier manera, todos coinciden en que los gorilas tienen un miedo mortal del agua. No les gusta y no quieren ni meterse en ella. Y no son los únicos. Muchos primates y monos tienen miedo a los diferentes tipos de agua, sea un arroyo, un rio o un lago. Los zoológicos saben eso y utilizan ese miedo en su propio provecho. Un foso lleno de agua marca el límite y es un medio eficaz de disuasión. Es Alcatraz para los primates. No obstante, ninguna jaula jamás seria suficientemente fuerte y ningún cuerpo de agua suficientemente ancho para frenar a aquellos individuos que anhelan su libertad. Bokito era uno de esos espíritus desafiantes. Otro era un gibón llamado Archie que escapaba con regularidad de su hábitat, una isla rodeada de agua, en su zoo en Minnesota. Después de cada fuga, lo atrapaban con una red, lo tranquilizaban y lo devolvían a su isla. Y después de cada captura Archie les daba un corte de mangas figurativo, vencía su miedo y volvía a cruzar el agua. ¿Por qué lo hacia una y otra vez? Un administrador del parque habló con franqueza: le gusta golpear a los visitantes. De hecho, para los zoos, las fugas son sólo el comienzo de sus problemas.

Cuando Little Joe se escapó de su lugar de exhibición en Franklin Park por segunda vez, atacó a dos personas, una adolescente y un niño pequeño. Lanzó a los dos al suelo y los arrastró por la zona. Mordió a la adolescente varias veces y después salió del zoo a las calles de Boston. Llegó a una parada de autobús donde dio al grupo de personas que estaba allí la sorpresa de su vida: un gorila parado a su lado. Pero Little Joe decidió no esperar el autobús y se marchó. Capturarlo les costó a cincuenta policías y empleados del zoo dos horas y varios dardos tranquilizantes. Franklin Park dio un suspiro de alivio, pero fue de corta duración, porque pronto llegarían el AZA (Asociación de los Zoos y Acuarios) y los inspectores del USDA. También la policía local y estatal tuvo interés en el caso. Y sin duda muchos abogados ya estaban compitiendo entre sí para ser los primeros en llegar. Por supuesto los medios de comunicación ya estaban por todas partes.

La fuga de Jabari del Dallas Zoo suscitó un frenesí parecido. Había atacado a un grupo de padres y niños. Algunos guardianes intentaron tranquilizarlo, pero fallaron. Jabari era demasiado veloz. Finalmente, después de una larga persecución fue acorralado y muerto a tiros por la policía. Era una vista horrible e imposible de olvidar. En la rueda de prensa que siguió, predominó una pregunta: ¿por qué? ¿Por qué hizo esto? ¿Por qué atacó a ese grupo en particular? ¿Por qué atacó a esos niños inocentes?

Esos incidentes son más fáciles de racionalizar y explicar cuando las víctimas son los propios empleados de los zoos, por ejemplo, cuando un amaestrador es lesionado mientras está tratando de impedir que un animal se escape. O si el animal estaba vengando el cautiverio o el maltrato. Lo primero que hizo Jimmy en Miami después de quitar la cerradura de su jaula fue asaltar a su domador. Se puede decir lo mismo de

Hércules en 1998. Tiró a su amaestradora al suelo y la mordió repetidamente en el brazo y el costado, infligiéndola lesiones graves. Algo parecido ocurrió en el caso de Kongo, un gorila de veintisiete años que vivía en el Bronx Zoo. Este gorila se escapó cuando le estaban trasladando de una jaula a otra. Enfrentado por dos guardianes, Kongo no vaciló, corrió directamente hacia ellos. "Era un caos," observó un testigo. Pero cuando se trata de visitantes, esos ataques se hacen más problemáticos. ¿Eligieron Jabari y Little Joe a sus víctimas al azar? ¿Estaban ellas simplemente en el lugar equivocado en el momento equivocado? ¿O es que hubo intención detrás de los ataques?

El Dallas Zoo prefirió la primera explicación. Jabari lo había hecho al azar. Franklin Park respondió de manera similar. Afirmó, para que conste, que Little Joe es un animal y por lo tanto no se le puede culpar por comportarse como tal. No quiso hacer daño a nadie, fue una aberración. Pero una investigación más profunda de estos sucesos indica que hay otras posibilidades. Por ejemplo, algunos testigos en el Dallas Zoo contaron que un grupo de niños había estado molestando a Jabari inmediatamente antes de su fuga y ataque. Ellos creían que lo habían provocado.

Es significativo que el comportamiento cruel y sádico por parte de algunos visitantes siempre ha sido un problema para los zoos. Por eso algunos han contratado a más guardias y puesto señales de advertencia. Otros han optado por ignorar la situación. Pocos han reconocido públicamente la frecuencia con que los animales en cautiverio son atormentados por los visitantes.

La dura verdad es que la mofa en los zoos es endémica y que son tanto los adultos como los niños quienes lo hacen. El espectáculo de los visitantes gritando, chillando y golpeando ventanas y vallas es algo normal. También tiran objetos, como piedras, monedas, botellas, latas y otras cosas a los animales. Se han encontrado colillas de cigarrillos en las jaulas desde que han existido los cigarrillos y a veces hasta agujas, alfileres, clavos, hojas de afeitar y fragmentos de vidrio. Cada año un número no identificado de animales mueren o se enferman después de ingerir objetos arrojados a sus recintos. ¿Es posible que hagan cosas aún peores? Sí. Los animales en los zoos han sido envenenados y rociados con ácido. Han sido golpeados y pateados, apuñalados y disparados. Parece que la pistola de perdigones es el arma que eligen esos visitantes.

Pero volvamos a la cuestión de la motivación detrás de los ataques perpetrados por los animales fugados. ¿Son intencionados? Sabemos que Jabari había sido objeto de mofas y por lo tanto tenía un motivo para su ataque. Si es que había elegido a un grupo de niños inocentes sobre quienes exteriorizar su frustración es otro tema. Ni el zoo ni los padres han ofrecido información al respeto. En cuanto a Little Joe, no hubo informes de burlas después del incidente. Sin embargo, no hay duda de que su ataque no fue aleatorio. Resulta que la adolescente atacada por él era una voluntaria del zoo fuera de servicio. Little Joe podría haber arremetido contra cualquier otro visitante. Pero persiguió a esa persona en concreto. Obviamente tenía sus razones. Y aunque Franklin Park eligió no reconocerlo, tuvo que acarrear con las consecuencias. Al final, hubo cuatro investigaciones distintas. El AZA amenazó con retirarles la acreditación. Y el propio zoo, "se negó a descartar la posibilidad de ejecutar al primate inquieto con el fin de proteger al público." Little Joe había provocado una pesadilla de relaciones públicas.

En el Los Ángeles Zoo las fugas de Evelyn y Jim en 2000 también provocaron una atención no deseada. Además circulaban rumores sobre la condición decrepita del recinto de los gorilas. Cuando los periodistas pidieron más información acerca de las fugas, el zoo mantuvo que no conservan registros de tales cosas. Antes de esta respuesta, iniciaron su propia investigación. Los resultados fueron impactantes: treinta y cinco fugas en los últimos cinco años. En noviembre de 2000, el USDA exigió que el parque asegurara el recinto. "Cada vez que se escapa un gorila," reveló un guardia, "elevamos los muros un poco — y estamos por hacerlo de nuevo….de verdad necesitamos un recinto más seguro. Yo dormiría mejor." En 2003, el zoo transportó a todos sus gorilas a Colorado hasta que pudiera construir un nuevo y más seguro recinto. Irónicamente, un año más tarde Evelyn se escapó de ese Zoo. Atacó a un guardián y durante casi una hora se paseó por el edificio de los primates, ocasionando una alerta de "código rojo." Hubo una investigación independiente cuyos resultados salieron por los noticiarios nacionales. En los últimos cinco años en el Denver Zoo, cuarenta y cinco empleados han sido lesionados por un animal en distintos incidentes.

Al final, el Franklin Park Zoo en Boston decidió no ejecutar a Little Joe. Le colocaron en un confinamiento solitario hasta que se pudiera diseñar y construir un nuevo recinto. Pasaban los años y todavía Little Joe no había sido visto en público. Se decía que los guardianes lo estaban drogando para controlarlo. El zoo lo negó. En 2007 inauguró el nuevo lugar de exhibición. Fue un espectáculo. Sus paredes tenían tres capas de vidrio, un techo de acero tejido y estaba video-vigilado las veinticuatro horas. Pero los directores del zoo no se sentían tan emocionados como se sentían los periodistas y visitantes. Ellos solo estaban rezando para que no hubiera más fugas. Manténganse al tanto.

## Ken Allen y Kumang

Mientras que el pan y circo pueden pacificar a la especie humana, los orangutanes requieren otra combinación de incentivos: las bananas y el sexo. Esas tentaciones los hacen casi indefensos. Es instintivo, ¿no lo sabes? Si los directores del San Diego Zoo solo pudieran descubrir el cóctel perfecto, podrían solucionar sus dificultades con los orangutanes antes de que se empeoraran. Solo se necesitaban un montón de bananas y algunas hembras dispuestas a colaborar. Y tiempo.

Comenzaron a trabajar en ese proyecto en el verano de 1985. Habían inaugurado la nueva exhibición, el Corazón del Zoo (Heart of the Zoo) tres años antes y el circo estaba funcionado de maravilla. Pero entonces ese maldito Ken Allen empezó a comportarse mal. Nacido en febrero de 1971, era el progenitor de Maggie y Bob, orangutanes del mismo zoo. Sus raíces eran de Borneo, pero nunca había pisado el suelo de ese país ni conocían la cultura arbórea. Puede ser que sea más correcto clasificarlo como un orangután zoológico. Solo conocía la vida institucional. Fue en el zoo donde nació y donde murió de linfoma en el 2000. Entretanto, tuvo que hacer frente al cautiverio a diario. Curiosamente, el zoo sabía desde el principio que él iba a ser más difícil de controlar que los otros orangutanes.

En su guardería, Ken desatornillaba todas la tuercas que podía encontrar y sacaba los pernos. Los guardias según los volvían a atornillar, Ken empezaba de nuevo. Ni siquiera podían hacer que se quedara en su recinto. Un amaestrador describió su estrategia preferida: "El agarraba la mano de alguien que lo saludaba para que lo levantara fuera." Y después de esos trucos hacía falta mucha suerte dar con el pequeño granuja. Con los años se volvió mucho más difícil de controlar. De hecho, recién instalado en el Corazón del Zoológico, fue descubierto lanzando rocas a un equipo de la televisión que estaba al lado filmando algunos gorilas. Cuando se quedó sin rocas, les tiraba su propia caca. El equipo se dispersó. Irónicamente, unos años más tarde el zoo tenía un problema similar. Los orangutanes habían encontrado una nueva estrategia — estaban arrojando rocas a las grandes ventanas de cristal que se habían instalado en ese lugar de exhibición. Los directores del zoo rápidamente concibieron un plan: dar a los orangutanes una banana cada vez que no tiraban una roca. Pero las bananas no les interesaban, seguían intentando romper las ventanas. Eso resultó muy costoso para el zoo. Reemplazar una ventana destruida les costaba $900. Finalmente, emplearon a un contratista que desenterró toda la planta baja del recinto y quitó todas las rocas. ¿Y qué pasó después? Los animales arrancaron los aisladores eléctricos de cerámica de la pared y los convirtieron en sus nuevos misiles. Por lo visto, era un esfuerzo serio. Estos orangutanes realmente querían salir.

La primera fuga exitosa que hizo Ken Allen ocurrió el 13 de junio, 1985. Aquel día los guardianes lo encontraron fuera del recinto mezclándose entre un grupo de visitantes. Lo colocaron en aislamiento y trataron de averiguar cómo había logrado escapar. Unos años antes a esta fuga, utilizando algunas ramas caídas, Ken había construido una escalera. "Lo hizo con método," contó un empleado. "Cuidadosamente colocó la base de la escalera en el suelo y lo golpeó con la mano para asegurarse que estuviera bien estable, entonces subió a la cima de la pared y bajó de nuevo." Pero esta vez no había una escalera. Así que descartaron esa posibilidad. Podría haber sido un error humano: una puerta que había quedado entreabierta o algo así. Pero eso tampoco parecía ser el caso. Estaban perplejos, pero no estaban dispuestos a correr más riesgos.

Se apilaban bloques de cemento para elevar el muro de contención y nivelaron la superficie para quitar posibles agarraderos. Esos cambios, pensaba el zoo, servirán. Pero no valieron.

Ken se escapó de nuevo el 29 de julio y otra vez a principios de agosto. Después de cada fuga el zoo fortificaba el recinto: levantó los muros, niveló las superficies e instaló cables electrificados alrededor del perímetro. Metió a nuevas hembras en la exhibición con el propósito de desviar la atención de Ken. "Queremos," declararon los amaestradores, "convertir su pasión viajera en pasión por las hembras." El zoo de San Diego hasta utilizaba espías. Empleados del zoo se disfrazaron de visitantes. Se vestían en vaqueros y camisas hawaianas y llevaban gafas de sol. Observaban desde lejos para detectar cualquier actividad sospechosa. Como el zoo estaba seguro de que Ken reconocía a sus informantes, empezaron a usar dos espías al mismo tiempo. Y tenían razón.

El día 13 de agosto, menos de una hora después de ser liberado de su confinamiento solitario, se vio a Ken sosteniendo una palanca en la mano. Los domadores encubiertos pensaban que esa herramienta hubiera quedado en el recinto olvidada por los obreros que habían trabajado en las recientes fortificaciones de la exhibición. Se sintieron alarmados. ¿Qué iba a hacer Ken con la palanca? ¿Deberían obligar a los visitantes a salir del parque? Pero se aliviaron cuando Ken casualmente la tiró al lado. No parecía que tuviera interés en ella —pero los amaestradores deberían haber sabido más de la naturaleza de su orangután. Como un destacado experto había advertido, si una herramienta, como un destornillador, es dejada accidentalmente en su jaula, un orangután, "lo notará de inmediato pero fingirá una actitud indiferente para engañar a los guardianes. De noche la utilizará para desmantelar su jaula y se escapará." Por extraño que parezca, la palanca cayó cerca de una compañera de su prisión, Vicki. Pero eso no preocupó a los guardianes cuya atención estaba clavada en Ken quien estaba deambulando lentamente al otro lado de la exhibición. En cuestión de minutos, un fuerte ruido interrumpió su concentración. Vicki había estado trabajando concienzudamente en un lugar apartado tratando de quitar la moldura entre dos paneles de cristal. No logró romper el vidrio, pero la ventana se quedó agrietada. "Me cuesta mucho mantenerme un paso por delante de este grupo," reconoció el domador principal. Algunas personas del zoo opinaron que estos dos orangutanes habían colaborado en la aventura — Ken proporcionando la distracción y Vicki el músculo. Los directores no querían arriesgarse y colocaron a los dos en aislamiento.

Poco tiempo después de ser liberado de este último y cuarto confinamiento aislado, Ken intentó fugarse de nuevo. Pero esta vez fue sorprendido en el acto por los espías. Estaba sumergido hasta las caderas en la parte menos profunda del foso. Para subir y salir al otro lado había puesto sus pies contra la pared de un lado y sus manos contra la pared opuesta. Así, poco a poco iba avanzando hacia arriba. Los guardianes se quedaron asombrados por dos razones. En primer lugar, porque los orangutanes son, supuestamente, totalmente hidrófobos. Es por eso que los zoos utilizan los fosos como elemento de disuasión. Y en segundo lugar, porque no tenían ni idea que un orangután era capaz de hacer eso. Sin embargo, hay ejemplos de hazañas parecidas. Por ejemplo, en el Houston Zoo Mango se escapó de una manera similar: apoyó sus dedos de las manos contra el borde de un vidrio y los dedos de los pies contra otro borde cercano, y así escalaba hacia arriba. "Es increíble," dijo un administrador del zoo, "ni hubo donde agarrar. Lo hizo solo presionado sus dedos contra el vidrio." Posteriormente, el zoo hizo construir una ventana angular.

En cuanto a Ken, la descarga eléctrica que le dieron los recién instalados alambres puso fin a su viaje. Volvió a su recinto corriendo y el zoo quedó ligeramente satisfecho consigo mismo. "Hemos descubierto su modo de escape," dijo un portavoz con un tono mesurado. "Pero tan pronto se da cuenta de que esa salida está bloqueada ya empieza a buscar otras vías. Es probable que acabemos persiguiéndolo de nuevo."

En los meses siguientes, parecía que Ken se había apaciguado y el zoo se sentía aliviado. Aparentaba que las modificaciones eran efectivas y todo había vuelto a la normalidad. Pero en abril de 1987 Ken fue descubierto fuera de su lugar de exhibición y esa tranquilidad relativa se acabó. Aprovechó una oportunidad mientras algunos trabajadores estaban arreglando la bomba del foso. Esperó hasta que desconectaron la electricidad y salió. No se sabe cómo logró entender que en ese momento no había corriente eléctrica. Quizás estaba observando muy atentamente. O tal vez iba chequeando los cables de vez en cuando y que aquel día tuvo suerte.

Es significativo que ocurriera un caso similar en el National Zoo en Washington D.C. donde los guardianes se percataron de que uno de sus orangutanes había aprendido a reconocer el ligero zumbido emitido por una puerta electrónica al abrirse y cerrarse y en las raras ocasiones cuando no funcionaba, este animal enseguida se dirigía a la puerta y salía. Pero en el San Diego Zoo la puerta del lugar de exhibición se había quedado cerrada con llave. Además, el zoo había ensanchado el foso después de la última vez que Ken intentó cruzarlo. Así que aunque la corriente eléctrica estuviera cortada y Ken lo hubiera notado, no debería haber podido escalar la pared. "Nos sorprendió mucho," dijo un portavoz. "Realmente pensábamos que lo teníamos confinado con seguridad." Pero Ken se había fugado y ya estaba suelto.

Después de sus escapadas anteriores, los guardianes habían conseguido hacerlo volver a su recinto engatusándolo con unas bananas. Pero esta vez Ken no tenía ninguna intención de acceder a regresar. Estaba a la fuga y el zoo bien lo sabía. Guardianes del zoo se armaron con dardos y municiones y salieron a buscarlo. Esos guardias del San Diego zoo estaban entrenados en el uso de las armas letales y según los informes posteriores estaban dispuestos a disparar si fuese necesario. "Si Ken hubiera atacado a alguien, lo habríamos matado, porque los tranquilizantes tardan en surtir efecto." Al final, Ken eligió no utilizar la violencia para resistirse. Otros orangutanes, sin embargo, no han actuado de igual manera.

Frank Buck, uno de los coleccionistas de animales más prolíficos de la era moderna, tenía una gran experiencia tratando con los 'monos rojos'. Sus diarios de viaje provocan sentimientos de asombro y horror por la multitud de animales que ha matado y capturado. De hecho, los escritos de Buck, Carl Hagenbeck, Alfred Wallace, Henry Ward y los demás coleccionistas de los siglos XIX y XX, dan un fuerte argumento de que los museos de historia natural y los parques zoológicos han sido una fuerza impulsora de la disminución y la extinción de los animales de nuestro planeta. Buck usualmente mataba a las madres orangutanes y se apoderaba de los bebés. Los adultos eran demasiado difíciles de controlar — y además los museos compraban sus cadáveres para la taxidermia. Los jóvenes les daban menos problemas, pero ellos también podían ser problemáticos. "Si pusieras tu mano demasiado cerca de los barrotes de la jaula de uno de estos animales arborícolas que se siente resentido de su cautiverio," advirtió Buck, "hay una buena probabilidad de que perderías un parte de ella o si logras recuperarla, estaría seriamente lesionada." Él utilizaba una palanca para disciplinar a los orangutanes. Pensaba que un golpe en la cabeza era mejor que una bala en su cuerpo. Lo importante era entregarlos vivos para que pudiera venderlos íntegros.

Los zoológicos tienen un protocolo muy estricto que se emplea en el mantenimiento diario de los orangutanes. Hay que repasar las cerraduras para verificar que estén bloqueadas, porque los animales vigilan cada movimiento de los guardianes; hay que guardar las armas cerca pero "Fuera de la Vista del Animal," porque los orangutanes bien saben lo que es un arma y no les gusta. Los empleados nunca deberían cruzar las líneas que están pintadas delante de las jaulas para evitar que los animales les agarrasen. Eso es lo que le pasó a un veterinario en el Miami Metro Zoo cuando estuvo demasiado cerca de Thelma, una orangután de veinte años. Ella le cogió el brazo y se lo mordió. Los zoos también deben practicar simulacros anuales de huidas de animales para que estén preparados para esas fugas inevitables. Cada zoo debe contar con un centro de mando y códigos de advertencia. El color rojo indica peligro y la necesidad de colocar a los visitantes en un lugar seguro u obligarles a evacuar el zoo. El color verde significa que existe un incidente, pero que el zoo está tratando de evitar que la prensa y el público se enteren. Cuando un animal está suelto, un guardián nunca debe enfrentarse con él sin ayuda. Lo orangutanes "pueden comportarse de una forma muy diferente" cuando están libres. Igualmente, después de que el equipo de respuesta se ha incorporado, solo está permitido que ellos que gozan de "una relación positiva" con el animal se acerquen a él. Los orangutanes pueden ser "peligrosamente agresivos cuando una persona que no les gusta se enfrenta a ellos." Aún con todas esas precauciones, se siguen produciendo ataques.

Sara, del Gulf Breeze Zoo de Pensacola, Florida, escapó en septiembre de 2000 cuando su jaula quedó abierta mientras la estaban limpiando.

Un amaestrador intentó persuadirla para que volviera a su jaula. "Si ella hubiera parecido ser un poco inestable o loca, no me habría acercado," recordó la mujer. "Pero estaba perfectamente tranquila." Sin embargo, Sara saltó por encima de la domadora y la mordió repetidamente. Por lo visto, ella le caía mal a la orangután. "Sara nació en cuarentena," dijo secamente el director de zoo, "y permanecerá en cuarentena."

Hubo un incidente más reciente en el Shaoshan Zoo en Taiwán. Un orangután, no identificado, estaba suelto. Por casualidad, un equipo de la televisión local estaba rodando en el parque aquel día y filmó todo el episodio. El animal estaba volcando motos y rompiendo mesas de picnic, los visitantes estaban gritando y corriendo, buscando donde esconderse dentro de los edificios. La policía llegó y persiguió al orangután y fueron a su vez perseguidos por él. Fue un punto muerto que se prolongó durante más de dos horas. Al final la policía puso fin al enfrentamiento con un tiro en el pecho con una pistola paralizante. Regresó el cuerpo inconsciente del orangután a su jaula por medio de una excavadora.

El enfrentamiento con Ken en San Diego concluyó pacíficamente, pero eso no quiere decir que el orangután se sintiera feliz. "Estaba muy muy agitado, molesto y tenso. Había resistido ferozmente a ser capturado y nos fue muy difícil darle caza." Al final le costó al zoo tres horas bajar el animal al sótano y meterlo en su celda de detención. Fue una lucha tremenda. Pero por lo menos el zoo podría sentirse aliviado, siempre que la electricidad se mantuviera, sabiendo que Ken estaba seguro en su jaula. Lo que no esperaba el zoo era que otro orangután estaba a punto de montar su propia variante de problemas.

A finales de agosto de 1987, Kumang hizo su primera fuga de la exhibición, Corazón del Zoo. Esta orangután de nueve años ya llevaba una media hora explorando el parque cuando fue avistada por algunos visitantes que pronto informaron a los responsables. Como no podían entender como había logrado escapar, el zoo consultó a unos escaladores profesionales sobre el hecho. "Los guardianes se sienten inseguros porque piensan que tarde o temprano los orangutanes volverán a escaparse." Como no querían que los animales observasen a los escaladores mientras buscaban grietas ocultas en los muros, los metieron en el sótano. El zoo no quería correr ningún riesgo con esos animales tan observadores. Claramente eran los orangutanes los que estaban ganando el duelo de ingenio.

Ocho meses más tarde Kumang se escapó de nuevo. Esta vez consiguió que su hermana, Sara, la ayudara. Los guardianes rápidamente descubrieron como lo habían logrado: utilizaron el mango de una fregona, un dispositivo que requería la colaboración de las dos conspiradoras para que pudiera ser utilizado eficazmente. Sara sujetó el mango mientras Kumang subía. Hay una paradoja en eso. La organización y ayuda mutua son componentes esenciales en las culturas de muchos animales, incluyendo las de los elefantes, gorilas y chimpancés. Sin embargo, esa cultura queda restringida, alterada o incluso destruida en los zoológicos. Eso ocurre, ya sea intencionalmente o no, porque quitan a los animales su autonomía, separan a miembros de las familias, limitan su movimiento corporal y los trasladan continuamente de un lugar a otro. Sus patrones de vida son cambiados totalmente. En psicología eso se llama un proceso de alienación a través de la institucionalización. Por eso, los animales de estas especies llegan a ser mucho más individualistas en el cautiverio de los zoos. Por otra parte, los orangutanes son animales muy solitarios. Viven solos en los árboles y raramente tienen contacto con otros orangutanes. Pero en cautiverio es al revés. Comparten espacios muy limitados y por lo tanto tienen que aprender a vivir en grupo. Eso es un cambio singular porque no solo se han adaptado a ese ambiente, sino que también han creado los medios que les han permitido superarlo. A lo mejor esto es lo que el maestro de ajedrez ruso, Tartakower, estaba pensando aquel día en el zoológico de Moscú cuando creó La Apertura del Orangután. Estas criaturas pueden observar, experimentar y desarrollar. Eso es lo que hicieron Kumang y Sara cuando utilizaron la cooperación y así fortalecieron su resistencia. Y no han sido las únicas en hacerlo.

En octubre de 1991 hubo una fuga masiva en el Woodland Park Zoo de Seattle, Washington. Cinco orangutanes se colaron por varias puertas de seguridad y subieron por encima de una pared alta. El equipo de respuesta del zoo intentó engatusarlos de vuelta a su recinto con unas bananas, pero la táctica falló. Acto seguido los rociaron con las mangueras de incendio. Eso también falló. El grupo mantuvo su unidad y no se movía. Fue solo después de que cada uno de los cinco fue tranquilizado con un dardo que el equipo logró controlar la situación. "Nos sentimos muy aliviados cuando pudimos tranquilizar al macho grande, Towan," explicó un conservador del zoo. "Él puede ser muy peligroso. Irónicamente, hace poco hicimos un simulacro de fuga de los animales y el que yo escogí fue Towan." El zoo estuvo seguro de que el cabecilla de todos fue él y por eso decidieron tratarlo con mucho cuidado. Para hacerlo, compraron un nuevo sistema de seguridad. Pero dos años más tarde, Towan se burló de aquel sistema y se escapó otra vez. No sabemos si contó con ayuda.

En 2004 en el Chaffee Zoo de Fresno, California, Siabu, Sara y Busar pasaron semanas, quizás meses, desenmarañando una sección de la red de nylon que rodeaba su recinto. El 14 de octubre uno de ellos finalmente logró traspasar el agujero y salir. "Son muy muy inteligentes," dijo un dirigente del zoo. "Es posible que hubieran escondido sus maniobras para que nosotros no nos enterásemos." Después de eso colocaron a los tres en corrales especiales por un tiempo indefinido.

En cuanto a Kumang, ella se escapó dos veces más de su lugar de exhibición en San Diego. La primera fue el 9 de junio. La encontraron en un jardín de orquídeas cercano sentada entre las flores. Cuando se negó a regresar voluntariamente, le dieron con un dardo tranquilizante. Es significativo que más tarde un amaestrador comentó que los orangutanes bien saben que habrá consecuencias graves si deciden fugarse. "Bueno, malo o indiferente," cada acción da lugar a otra acción y estas criaturas lo entienden. Por lo visto, Kumang creía que algunos riesgos valían la pena.

Su segunda fuga ocurrió al día siguiente. Fue avistada junto al recinto de los monos douc langur. Cuando se vio enfrentada, subió al techo del santuario de las aves esperando la contra-acción de los guardianes. Le dieron con un dardo tranquilizante. No mucho más tarde el zoo descubrió su método de escape. "Ella ha aprendido a conectar el cable eléctrico a tierra," explicó un domador a los periodistas locales. "Apoya el cable contra unos palitos y trozos de madera para que el cable quede conectado a tierra y después va subiendo, agarrando los aisladores de porcelana…. no sé si yo hubiera podido comprenderlo," concluyó el empleado.

Con los años, los orangutanes de los zoos han desarrollado una variedad de medios creativos para superar la tecnología de la detención y sobreponerse a sus captores. Algunos, como Kumang, lograron entender los principios básicos de la electricidad y por tanto han utilizado un trozo de madera o un neumático de goma para conectar los cables eléctricos a tierra. Otros han aprendido la ingeniería de los mecanismos de las cerraduras. En su libro, The Parrot's Lament, (El Lamento del Loro), 1999, el escritor Eugene Linden investigó a dos de estos orangutanes. En el Omaha Zoo, Fu Manchu utilizó una pieza fina de cableado de metal que guardaba escondida en la boca para forzar la cerradura de su jaula. Jonathan, en el Topeka Zoo, fabricó un dispositivo con un pedazo de cartón que utilizó para salir por una puerta compleja tipo guillotina. Los respectivos zoos los capturaron y descubrieron sus métodos de fuga, pero eso no disminuyó sus logros ni quitó su esperanza de escapes futuros.

Por su parte, el San Diego Zoo decidió que la mejor manera de controlar a sus orangutanes 'Houdini' era confinarlos en las celdas de detención del sótano hasta que el lugar de exhibición pudiera ser completamente reformado. Esta vez habían decidido hacer unos cambios más profundos y se destinaron $45,000 al proyecto. "Las fugas han sido una gran frustración para todos," comentó de mal humor un portavoz. Los orangutanes tenían que ser controlados. La construcción empezó en seguida.

Durante los siguientes tres meses la reforma continuaba. Levantaron y alisaron los muros y redondearon las esquinas. Quitaron los anteriores alambres eléctricos e instalaron un sistema más avanzado. Colocaron puertas más fuertes. Mientras tanto, Kumang, Ken y los otros esperaban en sus húmedas celdas subterráneas. Un empleado habló con franqueza sobre la situación. "La gente puede pensar que esto es horrible, pero los animales de los zoológicos en el este o medio oeste del país viven en los sótanos todo el invierno año tras año. Somos realmente afortunados de tener nuestro clima. Obviamente esta situación no es lo ideal, pero podría ser peor."

En febrero de 1989, las obras de la reforma del lugar de exhibición finalmente terminaron. Para sentirse seguros los directores del zoo tomaron una precaución final antes de que liberaran a los animales. Contrataron a un técnico que repasara todo el lugar con un imán de gran potencia. De ninguna manera iban a dejar que esos pequeños monos rojos encontraran algo que pudieran utilizar para fugarse. Después de este trabajo, se llevó a cabo la gran inauguración. El zoo se vanagloriaba de sí mismo: "¡Que día más magnifico para la ciudad de San Diego y su turismo!" El lugar de exhibición de los orangutanes volvía a estar preparado. Pero detrás de la escena, el zoo no se sentía tan seguro. "Cuando se trata de estos monos, no hay garantía de nada," refunfuñó un guardián, "porque por su naturaleza son muy manipuladores, muy observadores y muy trabajadores...No sabremos si la reforma pondrá fin a las fugas hasta que hayan pasado dos, tres o cuatro años y los animales hayan tenido tiempo para examinar los cambios." De hecho, cuatro años más tarde, un orangután llamado Indah terminó sus inspecciones y se escapó del lugar de exhibición. Le tocó al San Diego volver al trabajo.

## Moe

Lo que empezó en Tanzania llegaría a su fin en las montañas de San Bernardino en el sur de California. El primero marcó una transferencia al mundo de la domesticación y el último fue el lugar de su conclusión. Antes de este fin, la vida de Moe, el chimpancé, era complicada. Era una mascota, trabajaba como un portavoz comercial y actor, se convirtió en un criminal y purgó pena en prisión. Al final, adquirió una comprensión de algo que pocos tenemos: las realidades de Hollywood y el mundo del negocio del espectáculo.

Cuando llegó a Los Ángeles in 1967, no era más que un bebé y debía haber estado muerto de miedo. Solo unas semanas antes su madre fue asesinada justo delante de él por cazadores furtivos. Y lo que siguió a esa tragedia, el vuelo desde el este de África al aeropuerto de Los Ángeles, LAX, no podría haber sido muy consolador. En cualquier caso, Moe ya tenía un nuevo hogar: en el profundo valle de West Corvina. Y su dueño era James Davis.

Cuando era muy joven hacia lo mismo que muchos jóvenes chimpancés cautivos: viajaba haciendo exhibiciones. Todo el mundo ama a un chimpancé lindo, y casi todos están dispuestos a pagar por el placer de ver a uno de cerca. Moe entretenía a los niños en las fiestas de cumpleaños. Asistía a ceremonias de cortes de cinta inaugurales para empresas locales donde le tocó sostener las tijeras. Llamaba a muchas puertas y vendía galletas para las 'Girl Scouts.' Participaba en desfiles donde saludaba a la gente. Hacía fotos con oficiales de la ciudad. Finalmente se convirtió en actor cuyo papel era el chimpancé en el programa de la televisión, *BJ y el Oso*. También actuó en varias películas. Davis y su familia deben haber sacado bastante beneficio del trabajo de Moe.

Durante mucho tiempo eso fue su vida. Viajaba de un lugar a otro y cuando no estaba en camino, volvía a su casa en West Corvina, una jaula de acero de tres por tres metros y medio. Pero cuando llegó a tener más años, Moe ya no aguantaba la domesticación. Se negó rotundamente a trabajar más y reaccionaba violentamente si intentaban obligarlo. Y ya era grande y fuerte. Por eso la familia de Davis decidió encerrarlo permanentemente en su jaula. Así que Moe tenía muchos días y noches para reflexionar sobre su cautiverio. En agosto de 1998, a la edad de treinta y dos años, Moe se fugó por primera vez.

Nadie sabía cómo se había arreglado para escapar. También salió de la casa y llegó a las calles del vecindario. Los residentes locales se atrincheraron en sus casas y avisaron a las autoridades. Cuando llegó la policía, todos dieron un suspiro de alivio, seguros de que pronto sería capturado o fusilado. Ellos pondrían fin a la historia. Pero Moe agarró al policía antes de que ni siquiera hubiera salido de su coche. Como el fiscal de la ciudad lo describió más tarde, "el mono le dio una terrible paliza." Y la gente de la agencia de control de los animales que llegó a la escena tampoco pudo con él. Le tiró a uno de los hombres al suelo y le mordió hasta el hueso. El enfrentamiento duró tres horas. Antes de que lograran tranquilizarlo con un dardo, había mordido a cuatro personas y golpeado un coche de la policía. "Moe ha estado encerrado por tanto tiempo que quería dar un paseo," reconoció el dueño, James Davis. Indudablemente había logrado eso y algo más.

Hay otros chimpancés que se han fugado de maneras similares. En agosto de 1992, por ejemplo, Rosie se escapó del Hollywild Animal Park en Inman, South Carolina. Se supo después que había forzado la trampilla de su jaula lo suficiente para que pudiera meter la mano por la abertura y abrirla desde el exterior. Una mujer que estaba tendiendo la ropa en el tendero exterior fue la primera en verla. Rosie la tiró al suelo y escapó corriendo. "Os digo," suspiró la mujer, "que es muy peligroso vivir al lado de un zoológico."

Cinco años después, en North Carolina, otro chimpancé se fugó. Se llamaba Sydney y vivía en el Metro Zoo, un parque privado situado en una zona rural del condado de Rowan. Dobló los barrotes de su jaula y se coló por la abertura. No lograron capturarlo hasta una semana más tarde. Le tranquilizaron con un dardo, pero aún siendo fuertemente sedado, seguía resistiéndose hasta el momento en que lograron meterlo en su jaula. Un periodista de la televisión local que estaba filmando la escena sufrió el peor de sus golpes. Sydney le tiró su cámara violentamente a la cara.

Pero puede ser que Gracie, de Los Ángeles Zoo, sea la más infame de todos los escapistas. Desde 1997 hasta 2004, ella se fugó cinco veces. La primera vez logró abrir una puerta de guillotina desde el interior (algo que los guardianes nunca pudieron repetir) e inició un éxodo masivo. Cuando un veterinario trató de bloquear su camino, Gracie arrancó una señal de salida de una pared y se la lanzó al hombre. La siguiente fuga ocurrió un año más tarde en agosto de 1998. El zoo acababa de celebrar la inauguración de su nuevo lugar de exposición, Mahale Mountain, que había costado cinco millones de dólares. Al día siguiente, Gracie escaló una pared del nuevo lugar que supuestamente era infranqueable. Y lo hizo dos veces. Los guardianes tuvieron que rociarla con agua de una manguera de incendios en ambas ocasiones. Después de eso, los directores decidieron que lo mejor sería cerrar el nuevo lugar de exposición durante las dos próximas semanas, mientras instalaban una cerca eléctrica y construían un afloramiento de rocas falsas para impedir las escaladas. Tan pronto fue devuelta al recinto Gracie se dirigió directamente a la pared. Pero no pudo con ella. Las contramedidas funcionaron. Le llevó poco más de un año concebir una nueva estrategia. Solo hacía falta colocarse adecuadamente y después echar a correr hacia el muro. Y así logró fugarse en septiembre de 1999. Después de eso el zoo hizo construir un tope inclinado a la pared que sobresalía del borde. Costó $35,00 y el zoo confiaba que nunca podría superarla. Sin embargo, cinco años más tarde Gracie encontró como hacerlo. "Ella," dijo un portavoz, "rebotaba de una pared a otra y así subía hasta que podía agarrarse a la parte superior de la pared." Durante cuarenta y cinco minutos Gracie anduvo libre por el parque. Tuvieron que evacuar a los 9.000 visitantes. El zoo acabó confinando a Gracie en un recinto seguro especial hasta que pudiera decidir qué hacer a continuación.

Después de la huida de Moe y que la familia Davis había vuelto a ponerlo en su jaula, la ciudad de West Corvina intentó incautarlo. Citó un código municipal y argumentó que un individuo solo tenía derecho a poseer un animal "salvaje" siempre que el animal no fuese "peligroso." Ya que el chimpancé había atacado a cuatro personas, quedó demostrado que representaba un peligro público. A pesar de eso, un juez permitió a la familia Davis quedarse con Moe por el momento. Pero al siguiente año esa disposición terminó. Moe había mordido el dedo de una visitante que puso una denuncia. Al día siguiente Moe fue puesto bajo custodia por los oficiales de control de animales. Lo colocaron en una instalación estatal de cuarentena.

Hasta marzo de 2005 no hubo noticias de Moe. Le habían trasladado a Animal Haven Ranch (*El Rancho de Refugio para Animales*) en el condado rural de Kern al norte de Los Ángeles. Pero ese lugar, a pesar de su nombre tan impresionante, era solo una casa privada con algunos pequeños recintos construidos en el patio trasero. El propietario, una familia, tenía seis chimpancés y un mono araña. Esto no es un arreglo inusual. Actualmente, solo en el estado de California, hay 250,000 animales exóticos en manos de dueños privados con licencia. El número de animales mantenidos por personas sin licencia es indeterminable. En las dos situaciones es posible que guarden los animales adentro o afuera, que los tengan encorralados, enjaulados, encadenados o simplemente encerrados en una habitación. Puede que hayan sido convertidos en mascotas o utilizados en cacerías de reclamo o sacrificados por su piel u órganos. El Departamento de la Caza y Pesca es la agencia encargada de la supervisión, pero la realidad es que hay poca regulación. En la mayoría de los estados cualquier persona puede tener un animal exótico. Los pocos requisitos de la concesión de licencias que hay pueden ser fácilmente burlados.

Todos los chimpancés en Animal Haven habían sido desechados. Susie era una chimpancé de cincuenta y nueve años que había perdido un brazo. Trabajó durante casi toda su vida como criadora, reproduciendo chimpancés para los laboratorios. Otra hembra, Bones, había sufrido abusos en su hogar anterior. Eso tampoco es algo insólito. Por ejemplo, Sueko de Kansas City, Missouri, vivió durante años llevando un collar de descargas eléctricas. Cuando se escapó, fue cuando las autoridades se enteraron de las graves cicatrices en su cuello. En Animal Haven también tenían a Buddy y Ollie. Los dos, propiedad de 'Servicios de Animales de Bob Dunn,' habían trabajado como actores. La industria del espectáculo utiliza chimpancés cuando son jóvenes y fáciles de controlar. Una vez que son mayores y más difíciles de domar los venden por un precio muy barato o los regalan. "Quítennoslos de encima y hagan lo que quieran con ellos," es la actitud de Hollywood.

La familia Davis sabía que habían trasladado a Moe a Animal Haven y el 10 de marzo decidieron visitarlo. Resulta que eligieron un mal día. Poco después de su llegada, Susie, Bone, Buddy y Ollie se escaparon de su jaula. Las hembras huyeron hacia el bosque, pero Buddy y Ollie avanzaron amenazadoramente hacia los visitantes. A la señora Davis le arrancaron el pulgar y a mordiscos destruyeron casi totalmente el rostro, la mano y la ingle del señor Davis. Irónicamente, aquel día había sido programada una visita de un grupo de escolares, pero más tarde. Tuvieron suerte. La policía que investigó los hechos quiso saber cómo los chimpancés habían logrado escapar de su jaula. "Esa es la gran incógnita, ¿verdad?", preguntó uno. Como se vio después, los chimpancés habían aprendido a forzar la cerradura con un palo. Los acontecimientos no perturbaron al Departamento de la Caza y Pesca. Renovó la licencia de Animal Haven. En cuanto a los fugados, capturaron a Susie y Bones. Buddy y Ollie no sobrevivieron. Los dueños del Haven los mataron a tiros.

A lo largo de la historia muchos chimpancés han sido fusilados. Stuffie y Ellie fueron acribillados a balazos en 1987 mientras encabezaban una fuga masiva del Toledo Zoo. Stuffie fue la primera chimpancé en los Estados Unidos que nació por inseminación artificial. Ella tenía muy mala fama en el zoo porque hacía cosas molestas. Por ejemplo, solía guardar la leche en su boca durante horas hasta que se cortaba. Esperaba hasta que el amaestrador principal pasara, apuntaba y le escupía. "Ella intencionalmente apuntaba a la parte posterior de mi cuello; la leche corría por la espalda debajo de mi camisa," refunfuño el hombre. Para protegerse, empezó a llevar un impermeable y un protector facial cuando le tocaba acercarse a Stuffie. Sin duda el Toledo Zoo tenía una relación de amor/odio con sus chimpancés. Les amaba porque gozaban de mucha popularidad y por los beneficios que obtenían. Les odiaban por su resistencia. Los chimpancés mantenían a los directores del zoo en estado de alerta constante, sea por su "habito poco elegante de romper cosas en pedazos" o por su comportamiento "salvaje e incontrolable." "Son psicópatas," gruñó un guardián. Coco, por ejemplo, disfrutaba lanzando su caca a los visitantes. Los guardianes llaman a eso "humor escatológico." Al final, ni siquiera le permitieron salir de su jaula —nunca más. Se le consideraba demasiado peligroso.

Abatieron a tiros a Chip y Happy en el Hogle Zoo en Salt Lake City, Utah en 1999. Ellos, junto con Tammy, acababan de fugarse de su celda en el sótano. Tammy se fue por un lado y Chip y Happy por otro. Estos dos últimos tenían un objetivo: un voluntario que odiaban. Cuando le encontraron, le atacaron. Según un ex-empleado, el zoo había sido advertido varias veces de que esa persona inquietaba a los chimpancés y por tanto no debería permitirle "trabajar como voluntario en la Casa de los Monos —pasan muchas cosas en ese edificio y los animales, sobre todo los chimpancés, echan el anzuelo a los guardianes para que cometan errores." El tristemente famoso coleccionista, Ellis Joseph, se enteró de eso de una manera muy dolorosa en 1921 cuando fue a saludar a uno de sus antiguos chimpancés. El animal, "que aparentaba estar muy contento de verle...le mordió en la cara y la espalda."

En 2005 mataron a tiros a Reuben, Jimmy y Tyler en un zoológico de carretera en Royal, Nebraska. Reuben, de veintidós años, nació en el St. Louis Zoo. Con solo un año, le separaron de su madre y le vendieron al Folsom Children's Zoo. Cuando la etapa infantil se acabó, le enviaron a

Royal. Jimmy había sido una mascota que terminó siendo abandonada. Tyler había sido un actor en Hollywood. Ninguno merecía lo que les pasó en el Nebraska Zoo. Al igual que la gran mayoría de los zoos de carretera, Royal era una pocilga. Entre 2000 y 2005 había recibido no menos de cien citaciones: por su mal estado general, por falta de alcantarillado, por no tener asistencia veterinaria, falta de agua potable, falta de calefacción en invierno. Ken Schlueter, dirigía una tienda de repuestos de coches antes de ser el director del parque. ¿Era raro que los chimpancés se escapasen? Para su desgracia, se enfrentaron a un grupo de individuos fuertemente armados. Algunos visitantes informaron que habían oído series prolongadas de disparos en todos los rincones del parque. Reuben fue abatido por la espalda con tres tipos diferentes de munición.

Jonnie fue salvajemente acribillado en el Whipsnade Zoo en Bedfordshire, England. Él y Coco huyeron de su lugar de exhibición por la mañana temprano. Luego, las autoridades descubrieron que los dos habían cavado un túnel hacia la libertad. Ambos chimpancés acababan de llegar desde el Regent Park de Londres, donde habían vivido con Cherry, la madre de Coco, desde 1948. Curiosamente, Coco y Cherry habían sido separados durante veinticinco años antes de volverlas a reunir en Londres. En ese día especial se reconocieron de inmediato y se abrazaron. Coco tenía la reputación de ser difícil con guardianes y visitantes. Encima de su jaula en Whipsnade había un letrero que decía: "Cuidado: Coco escupe y arroja caca a la gente." Jonnie, por su parte, era todavía menos querido. Le llamaban "bestia" y durante la fuga le dispararon sin dudarlo. Coco consiguió llegar a un campo cercano antes de ser rodeada. Se entregó.

En cuanto a Moe, se sentó pasivamente durante todo el tumulto en Animal Haven. Su nuevo hogar iba a ser Jungle Exotics, una agencia de alquiler de animales situada en las afueras de Los Ángeles. Suministraba tigres, leones, osos, chimpancés, cerdos y otros animales para trabajos en cines y televisión. Amazing Animal Productions, una empresa de video, estaba en el mismo lugar. El propietario, Sid Yost, que le gustaba llamarse a si mismo Ranger Rick, había sido demandado múltiples veces por maltratar físicamente a sus chimpancés. Incluso un juez le prohibió tener contacto con primates, pero lo ignoró. Para ser justo con Yost, toda la industria es culpable. Es una práctica estándar hacer sumisos a los animales con la violencia y forzarles a trabajar. Algunos de los dispositivos de más uso son: tubos de acero, espray de 'mace, 'cachiporras y mangueras de goma. Para que se entienda esto, hacemos referencia a la escena de *Project X* (1987) donde se ve cómo los amaestradores golpean regularmente a los actores chimpancés mientras se filmaba una película que representaba el uso de la Fuerza Aérea de los Estados Unidos utilizando monos en experimentos de radiación. Esto cuestionó la ética de esa práctica. ¿Y quién podría olvidarse de Clyde, el orangután favorito de todos, en *Every Which Way But Loose* (1978) y *Every Which Way You Can* (1981)? Buda, uno de los simios actores, fue apaleado hasta morir durante la producción. El mango del hacha que lo mató fue cariñosamente apodado por sus propietarios, Gentle Jungle, la "porra de Buda."

No sabemos qué le pasó a Moe mientras vivía en Jungle Exotics. Se había jubilado de su trabajo como actor, pero aún tuvo que vivir en un ambiente hostil y poco saludable. De hecho, no sorprende que Moe se escapara por última vez el 27 de junio, 2008. La empresa de alquiler dijo, "no podemos entender cómo rompió las soldaduras y salió. Esa jaula debería de haber sido capaz de confinar un gorila. Un grupo de trabajadores de la construcción fueron las últimas personas en verlo. Indicaron que Moe se dirigió directamente hacia San Bernardino National Forest. Continuaron buscándolo hasta principios de agosto, pero tuvieron que volver con las manos vacías. Ni los voluntarios, ni los helicópteros, ni los sabuesos pudieron encontrarlo. Todos pensaron que el chimpancé había muerto. Nosotros, sin embargo, podemos tener una esperanza más optimista. Es posible que Moe siga viviendo en las montañas libremente.

# ESCURRIDIZO COMO PEZ EN EL AGUA: LOS MAMÍFEROS MARINOS SUEÑAN CON LA LIBERTAD

Desde la inauguración del Toledo Zoo a comienzos del siglo XX, ha habido mucho ir y venir de los mamíferos marinos. Pero según el folklore de este parque en el noroeste del estado de Ohio, muy pocos se han destacado tanto como dos notorios leones marinos. Se llamaban Lilly y Cyril. Lilly ganó su mala reputación por sus fugas del zoo; Cyril acaparó los titulares cuando le descubrieron nadando libremente en el Rio Maumee que linda con el zoo. Los dos hicieron a sus captores tener una larga, ardua y humillante persecución.

Lilly era un león marino hembra. Lo más probable es que hubiera nacido en algún lugar a lo largo de la costa del sur de California o del norte de Méjico. La habrían capturado cuando era muy joven. "A menudo sucede que los animales salvajes mayores son muy malhumorados y difíciles de controlar," fue el comentario sobre la especie que hizo el coleccionista, Carl Hagenbeck. "No piensan en otra cosa que recuperar su libertad y es imposible persuadirles de que coman." Y así es con otros mamíferos marinos. "Para capturar morsas jóvenes, primero hay que matar a la madre. Esta es la manera más común de hacerlo y, de hecho, usualmente necesaria para apoderarse del joven," escribió fríamente Hagenbeck. Sin embargo, esos métodos nunca fueron infalibles. "Por poco perdieron la vida aquellos que capturaron a mis últimas morsas, porque una morsa macho gigantesca que había oído los gritos suplican-

129

tes de auxilio de las crías, atacó al barco con sus colmillos de un modo tan feroz que lo dejó con tres enormes huecos."

Lily llegó al Toledo Zoo a principios del siglo XX. Su nuevo hogar era una fuente de hormigón de poca profundidad al aire libre, poco más de un platito. ¡Qué contraste con el Océano Pacifico y sus playas rocosas! Donde una vez pudo jugar en la arena, explorar las praderas de algas y nadar en un mar lleno de peces, ahora vivía en una ambiente estéril y sin vida. Era una privación sensorial extrema. Por otra parte, es probable que Lily viera poco, por lo menos en el verano, porque como no había sombra en su fuente, la luz del Sol y su reflejo habrían sido cegadores. Y hoy día las condiciones en que viven los leones marinos cautivos no han mejorado. En algunos aspectos se han deteriorado. Muchos de los lugares de exhibición, además de carecer de estímulos ecológicos, están hechos de vidrio y el agua de la piscina está saturada con cloro.

En el North Carolina Zoológico Park, Sandy tuvo los ojos hinchados y llenos de ampollas durante años. Un administrador del zoo reconoció que, "debido a factores múltiples, es decir la falta de agua salada, la luz directa del Sol (por la falta de sombra), el reflejo de la luz que llega del fondo de la piscina, la calidad del agua y a otros factores, esa condición no es algo inusual entre los mamíferos marinos." Para Sandy, la carencia de sombra resultó ser especialmente debilitante. A pesar de eso, el zoo optó por confinarla en la piscina, al aire libre y bajo el Sol ardiente. Esto es lo que los visitantes prefieren. Quieren una vista clara, sin obstáculos y soleada. En 1996 Sandy sufrió un paro cardiaco y murió mientras era operada para reparar las lesiones oculares. Solo tenía doce años. En su hábitat natural, el océano, podría haber vivido hasta los veintitantos años.

Bo, que vivía en el Louisville Zoológico Garden en Kentucky, sufría úlceras en los ojos. Sus informes médicos indicaron que los había tenido durante más de seis años y que una de sus córneas estaba despegándose del globo ocular. Murió bajo anestesia en 1997 mientras le trataban de un problema dental. Tenía diez años. En el Riverbanks Zoo en Columbia, South Carolina, Sophie soportó abscesos dolorosos en la cara y el cuerpo durante cuatro años. Murió en 2002 durante la anestesia mientras le trataban una infección crónica del oído. Tenía quince años. Su muerte fue la tercera de un mamífero marino en un periodo de solo cuatro años en ese parque.

Lily, por su parte, no iba a esperar hasta que un destino de tan mal agüero le ocurriera. En 1910 hizo un intento audaz de liberarse. Trepó fuera de su fuente y de alguna manera subió sobre dos vallas de hierro forjado que bloqueaban el camino. Una vez fuera, le tocó decidir por dónde ir. Hacia el norte, oeste y sur estaba la ciudad. Al este había un parque y mas allá un rio. Lilly eligió el río. Llegó y se largó nadando. Y la suya no fue la primera fuga de un león marino.

En 1903, Ben se escapó del Lincoln Park Zoo de Chicago, Illinois. Se dejó caer sobre una cerca y fue andando como un pato al Lago Michigan. El zoo intentó capturarlo durante semanas. Incluso ofreció una recompensa a los pescadores locales e hizo peticiones desesperadas al público. "Por favor ayúdennos a capturar a nuestro león marino." Pero Ben permaneció en libertad. Lo encontraron un año después — muerto en una playa de Michigan.

Cuatro años más tarde hubo otra fuga llamativa de un león marino. El día 26 de mayo, un macho no identificado salió de su recinto en el National Zoo de Washington, D. C. por la noche y llegó al arroyo, Rock Creek. Nadó hacia al sur y pasó la noche al lado del puente de la calle P donde fue descubierto a la mañana siguiente. Los guardianes del zoo llegaron rápido, preparados para lo que esperaban que fuera una captura fácil. Estaban equipados con redes de pesca, palos, trozos de ladrillo, delicadezas gastronómicas y una gran jaula. Los residentes locales y los transeúntes se apiñaron alrededor de la escena así como los coches que pronto provocaron atascos por todos lados. Los guardianes, ahora preparados, se agruparon al lado del arroyo e iniciaron sus labores. Cada vez que hacían un nuevo intento de capturarlo, se oían coros de 'ah' y 'ay' de la multitud, seguido por los graznidos del león marino. Según un testigo, "Cada vez que el animal se burlaba de sus captores, emitía sonidos como la bocina de un coche muy grande." La mañana se convirtió en tarde y los guardianes fueron perdiendo la calma. "Él es la foca mas burlona que jamás he pescado," dijo un guardián, echando pestes después de caer de bruces en el arroyo. Un observador se preguntaba si los guardianes no irían al final a "golpearle en la cabeza con una porra." Afortunadamente, no se llegó a eso. Alrededor de las cinco de la tarde lograron capturarle con la red y volvió ileso al zoo.

En Toledo, los directores del zoo emplearon las mismas estrategias para capturar a su león marino fugado. Utilizaron palos y redes y la ofrecieron caramelos. Pero todo fue en vano. Lilly era demasiado astuta y evitó ser capturada. Mientras los días se volvieron semanas, algunas personas informaban haberla visto. Entonces Louis Scherer, el guardián principal, salía para hacer un nuevo intento de capturar a la esquiva criatura, pero cada vez volvía sin su presa. Pasaron los meses y todos habían perdido la esperanza. Fue entonces que Lily apareció cerca de Port Clinton, una ciudad situada en las orillas del Lago Erie. Esta vez Scherer tuvo suerte. Capturó a Lily y la devolvió a su fuente de cemento.

No hubo otra fuga de león marino que causara tanto revuelo hasta cinco décadas más tarde. Se llamaba Cyril. Llegó de California a su nuevo hogar, Storybook Gardens, en London, Ontario, el día 20 de junio, 1958. Storybook era un nuevo parque temático dirigido a los niños pequeños. Su inauguración estaba prevista para el día siguiente y Cyril fue destinado a jugar un papel importante en los festejos. Pero aquella noche el león marino se fugó.

Llegó al cercano rio Támesis y nadó hacia el sudoeste. Pasó por los territorios de dos Naciones de los Indios, la de Oneida y de Munsee-Delaware. A lo largo de su ruta, los empleados de Storybook hicieron múltiples intentos de capturarlo, pero siempre frustrados. Incluso utilizaron grabaciones de los graznidos de algunos leones marinos esperando atraerle a sus redes. Pero sin éxito. El periódico, *London Free Press*, temiendo lo peor, ofreció una recompensa de $200. Esto tampoco tuvo resultados. Los leones marinos no solo son muy huidizos e ingeniosos, sino que son bien conocidos porque muerden. ¡Ay del cazador novato que llegue al alcance de Cyril! En palabras de un guardián, los leones marinos pueden tener "un genio muy desagradable y traicionero que está totalmente en desacuerdo con su aspecto físico." La primera vez que ese hombre se aventuró en la pista de esos animales, un león marino se aprovechó "al máximo" de su inexperiencia. "Nero me cogió por el culo. Sentí el abrazo de sus mandíbulas cuando me levantó y me sacudió como si no pesara nada."

Cyril continuaba su viaje por el rio Thames, nadando unos ciento veintinueve kilómetros más o menos hasta donde el rio desemboca en el Lago St. Clair. De allí, giró hacia el sur y nadó entre Detroit y Windsor por la estrecha vía fluvial que conecta el Lago St. Clair con el Lago Erie. Las luces de la ciudad le debían haber impresionado a ese joven león marino que solo había nacido dos años antes en una playa remota. Pero los peces muertos y la contaminación, en contraste con aquella playa, no podían haber sido tan atractivos. Una vez en el Lago Erie, Cyril decidió nadar por el litoral de la costa hacia el sur. El camino que había seguido hasta este punto era, en el pasado, una ruta bien hollada. Era un trayecto clave del '*Underground Railroad*' (Ferrocarril Subterráneo) utilizado por los esclavos que huyeron de la esclavitud en el sur de los EE.UU. Toledo fue la siguiente parada en su 'freedom ride' (camino hacia la libertad).

La aparición de Cyril en esa ciudad provocó un ambiente de carnaval. Periodistas a la carrera con sus camaras; los lugareños apresurándose hasta la orilla del rio y los propietarios de embarcaciones echándose al agua rápidamente. Todo el mundo quería ver a Cyril. Hasta le pusieron un apodo: 'Sam el Escurridizo.' Pero el Toledo Zoo fue el más decidido a capturarle. Sus empleados le siguieron hacia el este, a las islas del Lago Erie, a la bahía de Sandusky y por fin a Port Clinton donde le alcanzaron con un dardo tranquilizante. Cyril fue capturado al día siguiente, llevado al Toledo Zoo y colocado en su lugar de exhibición. Había viajado más de seiscientos cuarenta y cuatro kilómetros.

Por su parte, Storybook Gardens exigió que se lo devolvieran inmediatamente. El Toledo Zoo se negó a hacerlo. El director proclamó: "Nos pertenece desde que lo capturamos en aguas de los Estados Unidos." El 29 de junio el parque se llenó con 23,000 visitantes de pago. Habían venido para ver al 'Señor Escurridizo,' algunos desde lugares tan lejanos como Indiana. Cyril se quedó en Toledo hasta que terminaron las fiestas nacionales del 4 de julio. Dos días más tarde le entregaron a las autoridades Canadienses quienes le trasladaron de regreso a Ontario con una escolta policial. Allí le esperaba una multitud de 50,000 personas. Mientras que la orquesta tocaba instrumentos de viento y las 'majorettes' giraban sus bastones, metieron al león marino en su recinto. La ciudad de Londres bautizó el evento, 'El Día Escurridizo.'

Cyril pasó los siguientes nueve años de su vida en el parque temático. Durante el transcurso de la década, vio la publicación de dos libros para niños: "The Day Slippery Ran Away" (El Dia de la Fuga del Sr. Escurridizo), 1959, y "Slippery, the Wandering Sea Lion' (El Sr. Escurridizo, el León Marino Errante), 1963. Sin embargo, no llegó a ver el documental de la televisión realizado en su honor en 1995. Cyril murió el día 11 de enero, 1967. Tenía once años.

## Chuckles

Chuckles nació en algún lugar de la gran cuenca del Orinoco en América del Sur. Era un delfín o boto del rio Amazonas. El boto es uno de los tres tipos de delfines de agua dulce que se encuentra actualmente en la planeta. Los otros dos también son delfines de rio, uno, el 'susu' del rio Ganges y el otro, el 'bhulan' del rio Indo. Había un cuarto tipo, el 'baiji' del rio Yangtzé, pero justo en la última década, se ha extinguido — víctima del gran empuje de China para el desarrollo industrial y el capital. Lamentablemente, como la India también está en una desordenada carrera por lo mismo, ni al 'susu' ni al 'bhulan' les queda mucho tiempo. Pronto solo quedará un tipo de delfín de agua dulce en el mundo — al menos uno que viva fuera de un acuario.

Chuckles fue capturado en 1970 en Colombia. Tenía solo dos años y todavía vivía con su madre. De todas formas, sin pensarlo dos veces, sus captores le apresaron y enviaron a los Estados Unidos. Fue en ese momento que Chuckles dejó de ser un delfín de rio. Ahora era institucionalizado y de propiedad del Pittsburgh Zoo y Acuario. Durante los siguientes treinta y dos años, Chuckles vivió en un tanque de agua.

En un principio, el zoo había comprado cuatro botos. Se esperaba que fueran los especímenes que formaran una colección permanente en el parque. Pero no resultó así. Inexplicablemente, en primera instancia los biólogos del zoo colocaron a los botos en un tanque de aguas profundas diseñado para los delfines marinos. En estas aguas desconocidas e inhóspitas, los animales tuvieron que utilizar demasiada energía para sobrevivir. Así que no podían dormir lo suficiente y estaban muy estresados. Murieron. No fue hasta más tarde que cambiaron el diseño del tanque. Esta vez, tomando en cuenta las necesidades de los delfines de rio, lo diseñaron con aguas poco profundas y bajíos (tramos inclinados). Pero ahora solo quedaba Chuckles. De hecho, de los más de cien delfines capturados en las cuencas de los ríos Amazonas y Orinoco a finales de los sesenta y principios de los setenta, él era uno de los pocos que sobrevivieron en cautiverio durante más de una década. Y era el único que vivió más de dieciséis años. Los zoos y los acuarios tienen un record miserable en cuanto al cuidado que dan a esos animales acuáticos tan sensibles. No los mantienen vivos y sanos.

A finales de los noventa en el Oklahoma City Zoo, el problema era sencillo: agua contaminada. Los niveles de las bacterias habían subido demasiado y los directores del parque lo sabían. A pesar de eso, o porque eran incapaces o porque no estaban dispuestos a remediar esa condición letal, cuatro delfines mulares murieron, uno tras otro. En 2000, en el ya desaparecido Ohio Aurora Parque de Seaworld, hubo otro brote de muertes. En el transcurso de once días murieron tres de sus delfines. Los biólogos no sabían por qué. Estaban perplejos. Algunos sospecharon que la causa de las muertes pudiera ser una bacteria, pero nadie lo sabía con certeza. Simplemente no sabían.

En el Clearwater Marine Acuario en Florida, los tanques de los delfines tenían niveles del cloro peligrosamente altos. Inspectores federales citaron al parque durante dos años consecutivos por esas violaciones. Los delfines no podían abrir completamente los ojos y estaban despellejados. En 2001 un delfín mular de veintidós años llamado 'Sunset Sam' murió. Los registros relacionados con su muerte quedaron incompletos y las condiciones toxicas continuaron. En agosto de 2003, Nicholas y Panama "mostraban síntomas, tales como la descamación de la piel y el estrabismo, condiciones que indicaban que había niveles de cloro excesivos y/o que la calidad del agua estaba perjudicada debido a otros factores." En octubre, Spirit murió de una neumonía provocada por una infección bacteriana. En 2004, los inspectores se dieron cuenta que otro delfín, Presley, apenas podía abrir los ojos y que su piel estaba gravemente irritada. El director del acuario respondió que Presley se encontraba de lo mejor.

En el centro comercial West Edmonton en Alberta, los delfines padecían úlceras a causa del estrés. Pasar un poco de tiempo en un centro comercial es suficiente para volver loco a cualquiera. Pero los delfines de Edmonton no tenían escapatoria. Cada día ocurría lo mismo: dos espectáculos diarios; los tanques de agua siempre demasiado pequeños; la luz siempre artificial; multitudes constantes de compradores y la eterna y enervante música de los ascensores. Así que no fue de extrañar que los cuatro delfines del centro sufrieran de aflicciones relacionadas con el estrés. María, traída a Canadá a mediados de los ochenta, murió la primera en 2000. Gary murió en 2001 y Mavis en 2003. El último, Howard, se quedó solo durante dos años languideciendo con úlceras y pérdida extrema de peso antes de ser enviado a otro centro. Murió poco después.

Pasó lo mismo en el Miami Seaquarium. En 2000 su delfín favorito, Pearl, murió de una úlcera sangrante. Los directores del parque se negaron a responder a cualquier pregunta sobre su muerte y tampoco permitieron que se realizara una revisión pública de sus informes médicos. Otros acuarios suelen ser igual de herméticos. A propósito dejan los informes incompletos o los mantienen como confidenciales. "No quisiera divulgar un informe de necropsia al público que estuviera circulado por todas partes," comentó con arrogancia un prestigioso veterinario de Sea World. "Contiene mucha información incomprensible para la mayoría de las personas."

Sin embargo, estas tasas de mortalidad tan altas representan un gran desafío para ese negocio. Como el director de conservación y ciencia de la AZA dijo con franqueza, "estos animales son valiosos y muy difíciles de reemplazar." A finales de los sesenta los parques pagaban alrededor de $300 por un delfín mular. Hoy, esa misma especie cuesta más de $100,000. De hecho, este fuerte aumento en los precios ha provocado un cambio imprescindible de la filosofía de los zoológicos. "Antes consideraban a esos animales como bienes fungibles," reconoció un ex-vicepresidente de Sea World. "Cuando perecieron, fácilmente fueron reemplazados. Era tan fácil que no hubo necesidad de investigar y poner en marcha medidas para mantenerlos sanos." Los delfines del rio Amazonas son los mejores testigos de esa actitud irresponsable. Chuckles sobrevivió por pura suerte, no por el cuidado o preocupación por su bienestar del Pittsburgh Zoo. Ahora la nueva filosofía del mundo de este negocio era "la reproducción." Y la fecha clave para esa transición fue el 30 de diciembre, 1986.

Aquel día, Sea World compró Marineland, un acuario de tamaño mediano en Los Ángeles, California. Pagaron $23.4 millones de dólares. Por extraña que parezca, Sea World no mostró ningún interés en el parque y lo cerró solo dos meses después de comprarlo. Su verdadero propósito era otro: dos orcas, Corky y Orky. El precio, casi $12 millones de dólares cada uno, fue bastante alto para dos mamíferos marinos. Pero esa pareja fue una de las pocas parejas de orcas reproductoras en cautiverio. La captura de animales vivos se había vuelto políticamente perjudicial, pero Sea World necesitaba desesperadamente una nueva fuente de mano de obra. Sin embargo, había un problema con respecto a Corky: ninguna de sus crías sobrevivió.

Su primera cría nació en abril, 1977 y murió cinco semanas después. La segunda nació en octubre de 1978 pero solo vivió once días. Otra vivió cuarenta y seis días, la vida más larga de todas las crías de Corky nacidas en Marineland. Tampoco pudo reproducirse después de su traslado a Sea World. Abortó en agosto, 1987 y poco después dejó de ovular. Los veterinarios no lo pudieron explicar. Las orcas hembras en su hábitat natural, el océano, pueden reproducirse hasta bien entradas en la cuarentena. Corky solo tenía veintitantos años. ¿Qué estaba ocurriendo? Según los exámenes médicos, fisiológicamente estaba bien y había recibido una atención pre y postnatal excelente. ¿Podría ser que tuviera un problema psicológico? Un amaestrador veterano de Corky reveló que ella no parecía estar dispuesta a criar a sus bebés. De sus siete embarazos, todos terminaron en aborto, una muerte fetal o unos pocos días de vida. Los zoológicos, por su parte, no se atrevieron a especular sobre el problema porque no quería que hubiera preguntas sobre el cautiverio y el libre albedrio. ¿Es que Corky se negaba a reproducirse? ¿Era una infanticida? Sea World no quiso averiguarlo. En su lugar dirigieron sus esfuerzos hacia unas orcas hembras más dispuestas.

Unos años más tarde empezaron a enfocarse en la reproducción de los delfines. Hasta ahora los acuarios han tenido su mayor éxito con los delfines mulares del Atlántico pero, a pesar de los avances médicos, ha sido más difícil con las otras especies, sobre todo con los delfines de costado blanco. Después de años de fracasos, en 2005 el Shield Acuario de Chicago trajo a un semental para copular con sus delfines hembras de costado blanco. Se llamaba Jump y lo tenía prestado de Sea World. Los directores del acuario estaban seguros de que él solucionaría sus problemas. Pero no lo hizo y se vieron obligados a probar la inseminación artificial. Por fin tuvieron éxito. Dos hembras, Kri y Tique, quedaron preñadas. Shedd pregonó la noticia por todos lados. Por fin iban a tener sus crías. Pero no. La cría de Kri nació muerta. Y Tique no amamantó a la suya. ¿Es que se negaron a reproducirse? Según el acuario era simplemente una cuestión de inexperiencia maternal. La cría de Tique pronto murió de inanición.

Chuckles, del Pittsburgh Zoo, nunca tuvo relaciones sexuales. Pasó la gran parte de su vida aislado y solo. Sin embargo, tenía su propia forma de mostrar el malestar que le causaba el cautiverio. Por tener una vértebra del cuello no fusionada, los delfines del rio Amazonas tienen la capacidad única de girar la cabeza en un ángulo de 90 grados. Chuckles se aprovechó de esa ventaja. "Mordió a todos los amaestradores," comentó un ex-empleado del zoo. "Me mordió dos veces en los dedos." Una vez agarró a una amaestradora y la arrojó al agua. En otra ocasión sujetó en su boca el brazo de un patrón del acuario y no lo soltó hasta que le golpearon con un paraguas. Lo mismo pasó a un número no revelado de visitantes que se le acercaron. Así fue como la gente del parque aprendió a desconfiar de él.

Los delfines de rio muerden, pero los mulares Atlánticos prefieren resistir de otra manera. Durante un tiempo Marine World de California tuvo dos mulares infames: Ernestine y Lucky. Ernestine era conocida por su fuerte resistencia a ser examinada. Podía tardar hasta dos horas antes de que cinco fornidos hombres lograran sujetarla. Frecuentemente se veían obligados a bajar el nivel del agua y utilizar una red. El amaestrador principal les instaba a luchar con ganas: "Hagan que piense que es Dios quien la está atrapando," solía gritar. "Y no intenten agarrarla hasta que estén bien preparados, y entonces ¡boom! no se detengan — ¡al ataque!" Pero a pesar de los esfuerzos, cada encuentro con Ernestine se convertía en una tremenda lucha. Ella lanzaba a los hombres al aire y los hundía en el agua; saltaba del agua haciendo cabriolas y terminaba estrellada sobre sus cabezas. Y cuando todo había terminado, se alejaba nadando tranquilamente como si no hubiera pasado nada. "A mí no me parece que esté muy asustada," se quejó un empleado al final de un largo encuentro con ella. "De ninguna manera," respondió el jefe, "simplemente le gusta hacer que la tarea nos sea muy difícil."

En cuanto a Lucky, por muchos amaestradores juntos que intentaran apresarlo, no podían si él no estaba dispuesto. Lucky era un delfín muy grande. Les daba golpetazos con la cabeza y la cola y les pateaba en las ingles y espinillas. En una ocasión retorció el brazo de un hombre hasta hacerlo pedazos. "Parece que fue hecho con una almádena," exclamó el médico que lo trató. Cuando Lucky no tenía ganas, finalizaba el espectáculo. Con las gradas llenas de visitantes que habían pagado su entrada, dejaba de hacer los ejercicios y tranquilamente flotaba en el agua. Y siguiendo su ejemplo, los otros delfines lo imitaban. El amaestrador "hacía sonar su silbato hasta que los labios se le quedaran agrietados o su brazo se le saliera del cuerpo." Pero todo en vano. Los espectadores, ahora enfadados, se estaban marchando. Un empleado que llevaba muchos años en el parque recordó uno de esos incidentes: "Un joven amaestrador se quedó tan frustrado después de otro fracasado espectáculo que decidió hacer él mismo el 'show.' Se metió al agua vestido y siguió nadando hasta el final." Esa es la forma en que Lucky afectaba a las personas. De hecho, después de su muerte sus actos de resistencia se convirtieron en una leyenda. ¿Dieron a siete amaestradores de puñetazos en menos de una hora? ¿De verdad saltó seis metros en el aire para derribar de una escalara a un amaestrador que odiaba?

Ahora esos parques han concebido otra forma de entretener al público: el programa de 'nadar con.' Se encuentran en Japón, Hawái, Méjico, Las Bahamas, Florida, Nueva Zelandia y Dubái. Los visitantes pagan desde $200 hasta $2,000 para pasar una media hora en una piscina con estos animales. Y pagando $25 extra, te sacan una foto recibiendo un beso del delfín. Esas piscinas están abiertas doce horas todos los días del año. En el Dolphin Cove (La Cala de los Delfines) de Sea World se meten en la piscina a diario hasta mil visitantes con ganas de tocar a los cetáceos. Uno solo delfín puede generar ingresos de un millón de dólares al año.

En el Dolphin Academy de Curaçao, los nadadores pueden participar en los ejercicios. Como les parece bonito, pagan más por darse el gusto. En 2008, seis visitantes dentro de la piscina sostenían un palo largo esperando que un delfín saltara por el aire por encima del palo asombrando a todos. Esa delfín, Annie, procedía de Honduras y tenia once años. Irrumpió del agua con fuerza, giró a un lado, y cayó estrellándose con todo su peso sobre tres de los nadadores. Annie se había salido del guión y el personal del parque reaccionó de una manera rápida y decisiva. Se incautaron todas las cámaras y se borraron todas las imágenes. No era la primera vez que había ocurrido. El parque hizo un comunicado de prensa declarando que solo se había producido "un pequeño accidente."

Lo que ocurrió luego en Dolphin Cove después de un grave incidente a causa de un mordisco en agosto de 2006, fue que Sea World reconoció a regañadientes que esos sucesos desafortunados son raros pero inevitables cuando las personas y los delfines interactúan tan cerca. Lo mejor que puede hacer el parque es proporcionar a sus empleados una formación adecuada y disponer de un número suficiente de personal para el control y la supervisión de la zona de la piscina. Eso es lo que hicieron. El delfín que mordió estaría vigilado cuidadosamente a partir de ahora y tal vez apartado para "modificación del comportamiento." Sin embargo, Sea World no quiso revelar ningún detalle sobre el ataque. Ni tampoco suministraría información específica sobre otros ataques similares en Dolphin Cove. Una portavoz solo estuvo dispuesta a reconocer que ha sucedido "varias veces."

En realidad, la mayoría de los ataques de los delfines nunca salen en las noticias. Los programas de 'nadar con' los ocultan celosamente. La mayoría de las demandas se resuelven fuera de los tribunales con clausulas anexas de no divulgar los acuerdos monetarios. Sin embargo, a veces la información se filtra. En un parque japonés un delfín saltó sobre una mujer y fracturó su espalda. O también hubo el caso del periodista de la televisión que sufrió una lesión cervical y la pérdida permanente de la audición al caer un delfín encima de su cabeza. En el juicio su abogado argumentó que la instalación en Nassau, Bahamas, "ni aconsejó, ni advirtió a la demandante de los peligros potenciales de la interacción con los delfines." Curiosamente, un estudio reciente realizado en un parque en Nueva Zelanda mostró que el comportamiento agresivo fue iniciado por los delfines contra los nadadores más o menos el 8% de las veces en forma de toques, empujones fuertes o embestidas. El informe final concluyó que nadar con los delfines es arriesgado.

El Pittsburgh Zoo y Aquarium sin duda estaría de acuerdo con esa evaluación. Chuckles, su estrella, nunca permitió que ningún visitante se metiera en su piscina. Los visitantes, si fueran capaces de andar al salir del agua, lo habrían hecho faltándoles grandes trozos de su cuerpo. Esto era un delfín concienzudo. El 23 de febrero, 2002 un obituario resumió su actitud como realmente era: "Chuckles, el muy amado delfín del rio Amazonas con su sonrisa perpetua y su inclinación natural de morder a los amaestradores y a unos cuantos desafortunados visitantes….murió ayer por la tarde."

## Nootka

Fue la primera vez que un amaestrador había sido asesinado por un grupo de orcas en cautividad. Habían sido numerosos los intentos anteriores pero, o por la intervención de sus colegas o por pura suerte, los domadores siempre habían logrado sobrevivir. Pero este ataque resultó ser letal. Ocurrió el 21 de febrero, 1991 en Sealand of the Pacific (*Sealand del Pacífico*) en Victoria, Colombia Británica.

El último espectáculo acababa de finalizar y los espectadores estaban satisfechos. Habían visto a tres orcas, Nootka, Haida y Tilikum nadar en la piscina y hacer ejercicios. Les pareció una diversión maravillosa — es decir hasta que una amaestradora cayó al agua donde una orca la sujetaba mientras intentaba salir. "La orca se aferró a su pie," recordó un espectador, "y la arrastró al agua." No sabemos cuál de ellas la había agarrado, pero cada una de las tres, Nootka, Haida y Tilikum, sumergía a la asustada mujer en el agua por turnos. "Subió y bajó tres veces," añadió otro visitante. Algunos empleados del Sealand "casi consiguieron salvarla con un poste de gancho, pero como las orcas se movían tan rápido no pudieron." Un domador lanzó un flotador a la piscina, pero las orcas impidieron que lo cogiera. De hecho, las orcas apartaban a la mujer lejos de cada dispositivo que tiraban al agua. Tardaron dos horas en recuperar el cuerpo ahogado.

Sealand desestimó las aseveraciones de que las orcas habían herido a la mujer a propósito. "Fue solo un trágico accidente," lamentó el director del parque. "Simplemente no lo puedo explicar." Algunos amaestradores especularon que las tres orcas pudieran haber estado jugando, pero que algo hubiera ido mal y por eso su muerte fue fortuita. Sin embargo, un precedente ofrece una interpretación muy distinta.

En 1989 hubo dos ataques muy violentos perpetrados por Nootka. El primero ocurrió en abril. La amaestradora estaba rascándole la lengua, una actividad rutinaria, cuando la orca decidió cambiar las tornas. "La mordió la mano y la arrastró dentro de la piscina." Un compañero del trabajo tuvo que rescatarla. Sealand, por su parte, optó por no notificarlo a las autoridades ni a la prensa, aunque la mujer sufrió laceraciones y necesitó puntos de sutura. Nootka realmente no tenía intención de morderla y el parque mantenía la situación bajo control. La amaestradora pensaba de manera distinta y renunció a su trabajo, alegando que había "condiciones inseguras."

Nootka atacó de nuevo más tarde ese mismo año. Cuando accidentalmente se cayó al agua la cámara de un turista que estaba sacando fotos, la orca se dio cuenta de inmediato y se la metió en la boca. Un amaestrador intentó recuperarla, pero Nootka se aprovechó de la oportunidad—le agarró la pierna y le arrastró a la piscina. Una vez más tuvieron que rescatar a un domador. Y otra vez los directores del parque negaron que hubiera intencionalidad detrás de sus actos. Tampoco hacía falta notificarlo al público. A pesar de eso, hubo más amaestradores que renunciaron a su trabajo. Ellos creían que sí, que Nootka había actuado con voluntad e intención de hacer daño.

Otros parques temáticos en Canadá también tenían problemas. Aproximadamente una década antes, el Vancouver Aquarium estaba muy ocupado bregando con dos orcas difíciles, Skana y Hyak. Los amaestradores decían que eran "temperamentales." Era particularmente precario trabajar con Skana porque solía cambiar de humor "en cuestión de minutos." De comportarse de una manera sumisa, a de repente mostrarse rebelde. "Alguna vez demostró su antipatía arrastrando a un domador por la piscina," relató un empleado. "Hundió sus dientes en su traje isotérmico, pero perdió su objetivo porque no logró morderle la pierna."

En Marineland, cerca de la pintoresca Niágara Falls, ocurría una historia similar con otro par de ballenas. Una era Kandu. Le dio un tirón de la pierna a un amaestrador que había caído de espaldas mientras hacía un ejercicio arrastrándole por la piscina. Llevaron al hombre al hospital y los visitantes, estupefactos, salieron del estadio. La otra era Nootka, una orca que tenía el mismo nombre que la de Sealand, aunque no era parienta. Durante un espectáculo a mediados de los ochenta, le golpeó a un amaestrador en la cabeza con su aleta pectoral. Los directores del acuario dijeron que fue un accidente, pero los domadores la conocían mejor. Como reveló uno, Nootka habitualmente saltaba del agua para darles a los amaestradores un puñetazo en el pecho. Quería lastimar a la gente.

Hasta la fecha, ha habido por lo menos cinco orcas que se llamaban Nootka. Sea World tenía una al igual que Marineland. Sealand tenía las otras tres. Capturaron a la primera Nootka en 1973 por la costa de la Isla de Vancouver. Murió después de nueve meses. En 1975 Sealand volvió a capturar a otra hembra en el mismo lugar. Murió al año. Menos de una década más tarde, Sealand decidió intentarlo de nuevo y trajeron a una joven orca de Islandia. Milagrosamente, sobrevivió. Por desgracia, durante esa época el promedio de la esperanza de vida de las orcas en cautiverio era entre uno y cuatro años. Los acuarios a menudo tenían varias ballenas hasta que pudieron conseguir que sobreviviera una hasta la adolescencia. Hoy en día la esperanza de vida de las orcas en cautividad es de diez años. Pero eso está muy lejos de los treinta o sesenta años que pueden vivir en el océano.

Seaworld ha estado en posesión de cincuenta y una orcas llamadas Shamu. Consiguieron a la Shamu original en 1965 del coleccionista de animales, Ted Griffin. Él la había capturado en Puget Sound después de arponear a la madre. El acuario decidió apostar con las probabilidades y arrendar al animal. ¿Quién sabía cuánto tiempo iba a durar? Pero como todavía estaba viva un año después, la compró sin reserva por $100,000 y la convirtió en la estrella del acuario. Era el principal foco de comercialización que hacía el parque. Se realizaron anuncios publicitarios y espectáculos. También fabricaron muñecas y camisetas. En las palabras de un director, Shamu llegó a ser el "Mickey Mouse" del parque. Sin embargo, esa icónica orca disponía de un poder que podía desbaratar esos proyectos tan bien dispuestos.

En 1971, estaban filmando un truco publicitario: una mujer en bikini montada en la espalda de Shamu. De repente la orca tiró a la mujer y comenzó a hundirla en el agua. En ese momento había dos buzos en la piscina que intentaron ayudarla, pero Shamu les ignoró como si fueran dos peces pequeños. Era una escena aterradora que duró unos minutos: una mujer histérica, dos buzos indefensos en la estela y algunos amaestradores al borde de la piscina extendiendo postes desesperadamente. Al final rescataron a la mujer. Pero lo hecho fue hecho y las imágenes tan chocantes salieron en las noticias locales. Shamu no era la orca tan amigable y cooperadora que el parque había presentado al público. Sea World ya había sufrido su primer ataque de una orca. Sin embargo, Shamu y su rebeldía no fueron suficientes para hacer que el parque se cerrara al final del día. El negocio siguió y después de cincuenta y una Shamus, Seaworld ha prosperado. Ya tiene tres lugares de bastante fama donde muchas personas y familias pasan sus vacaciones: en San Diego, Orlando y, curiosamente, San Antonio. La empresa es propietaria de hoteles, restaurantes y montañas rusas; sigue comercializando mercancía incesantemente; ofrece campamentos de aventura para escolares y provee una multitud de exhibiciones y espectáculos con animales. Financia programas extensos de reproducción y de investigación. Shamu ha hecho muy ricos a los dueños de Seaworld.

La situación en Sealand no era tan prometedora. El ataque de Nootak, Haida y Tilikum había dejado las relaciones públicas del parque en caída libre. Aunque anunció que iba a implementar nuevas medidas de seguridad y prohibir el contacto entre los amaestradores y las ballenas, que iban a instalar barandillas alrededor de la piscina para prevenir resbalones o mordeduras, la presión del público siguió: manifestaciones diarias delante del parque y reclamaciones de todo el país exigiendo que devolviera a los animales al mar. Cuando el consejo municipal se metió en la refriega, Sealand capituló. "Después de mucha consideración y discusión," aclaró el director, "hemos decidido eliminar las orcas." Menos de un año más tarde, Sealand cerró el complejo. El parque que había funcionado durante veintinueve años había llegado a su fin.

Vendieron a las tres ballenas, incluyendo la recién nacida cría de Haida, a Sea World por cinco millones de dólares. La venta se hizo en secreto y los permisos de exportación fueron concedidos a puerta cerrada. Enviaron a Tilkum amparados en la noche a Orlando donde todavía reside. Nootka también fue enviada a Florida. Murió en 1994 a la edad de trece años. Enviaron a Haida y a su cría, Ky, al desierto de San Antonio, Texas. Tres años después de la muerte de su madre en 2001, Ky salió en las noticias. Durante un espectáculo en julio delante de mil personas, saltó encima de su amaestrador hundiéndole repetidamente en el agua. Después, Sea World trató de quitar importancia al incidente. La orca solo estaba jugando algo bruscamente y que en ningún momento estuvo en peligro el hombre. Los aturdidos espectadores no lo sintieron igual. Como explicó un testigo, "la ballena se quedaba entre la rampa de salida y el amaestrador para impedir que saliera, pero finalmente el hombre saltó por encima de Ky al otro lado y fue agarrado por un colega — la ballena se dio la vuelta y embistió contra la rampa. Estaba bastante molesto porque el domador había salido de la piscina."

## Orky y Kasatka

A veces un solo encuentro violento puede desencadenar una ola de proporciones enormes y duraderas. A finales de 1987 una de estas olas se apoderó de Sea World, San Diego, arrastrando en su estela al propietario del parque, Harcourt Brace Jovanovich. Los medios de comunicación investigaron las operaciones del parque. Hubo manifestaciones delante de la puerta principal. Las demandas gastaron gran parte de las arcas de la empresa. Incluso la normalmente dócil OSHA intervino y emitió un informe censurando al parque. Al final, Sea World tuvo que sacrificar a su propio personal para sobrevivir. Fueron despedidos el presidente, el director zoológico, el jefe de los amaestradores y el jefe de relaciones públicas. En poco menos de dos años después fue cuando la ola por fin retrocedió y se cobró su última víctima. Harcourt Brace Jovanovich dejó el negocio acuario y vendió sus parques.

El incidente que inició todo ocurrió durante un espectáculo de fin de semana, el 21 de noviembre. Un domador estaba montado sobre la espalda de una orca cuando otra saltó por el aire y se cayó encima de él. El hombre que había estado amaestrando a orcas durante dos años fue aplastado. Sus costillas, pelvis y fémur quedaron hechas pedazos. A penas podría sobrevivir. Un portavoz declaró después que, "fue un problema de timing, en absoluto fue una agresión por parte de la orca. Orky simplemente cometió un error." Sin embargo, otros no estaban tan seguros.

A medida que la presión aumentaba sobre Sea World, nuevas informaciones empezaron a surgir. Salió a la luz que en los tres meses anteriores tres domadores habían resultado heridos. Según el parque solo se trataron de pequeñas refriegas sin importancia. Sin embargo, se filtraron historias de más casos. Había habido catorce casos de lesiones en los cinco meses anteriores. Algunos no demasiado graves, tales como mordiscos en las manos. Pero otros fueron más preocupantes. Las orcas habían embestido a algunos amaestradores mientras éstos estaban en el agua. De hecho, entre las catorce lesiones en este parque de San Diego al menos tres resultaron con traumatismos de cuello y espalda. En junio, una orca llamada Kandu saltó encima de una persona durante un ensayo. En marzo, durante un espectáculo, Orky agarró y arrastró a un amaestrador hasta el fondo del tanque de diez metros de profundidad. A continuación irrumpió en la superficie y escupió al hombre. Unos momentos más tarde otra ballena le embistió. Cuando el hombre se debatía en el agua, Orky le volvió a agarrar, hundiéndolo otra vez hacia el fondo. El ataque duró dos minutos y medio. Llevaron al hombre al hospital con varias costillas rotas, un riñón herniado y el hígado lacerado.

Las demandas que siguieron revelaron una nueva tanda de informaciones ocultas sobre Sea World. Los documentos mostraron que los amaestradores consideraban que las orcas tienen "tendencias peligrosas." Como un domador dijo con franqueza acerca de los ataques, "no es cuestión del si, sino del cuándo." A pesar de que Orky era parcialmente ciego y tenía otros problemas graves de salud, Sea World le obligaba a trabajar. Tan obvia era la evidencia condenatoria que se presentó en el juicio por el incidente del 21 de noviembre que los abogados de Harcourt y Brace despejaron a priori la sala de audiencia y al final hicieron sellar la mayoría de los archivos para no hacerlos públicos. Pero el caso no se detuvo ahí. Ahora le tocaba el turno a OSHA. Su informe, que mas tarde fue publicado, concluyó que las orcas de Sea World estaban bajo un enorme estrés y este factor podría haber sido el motivo principal de los ataques. Esto no era una hipótesis sin fundamento.

Las orcas de Sea World hacen hasta ocho espectáculos diarios, los 365 días del año. En el mar estas ballenas pueden nadar ciento cuarenta y cinco kilómetros al día, pero los tanques de los acuarios se miden en pies. En el mar tienen culturas matriarcales altamente desarrolladlas y cohesivas. Generaciones de la misma familia, tanto las hembras como los machos, pasan sus vidas enteras juntas. Dentro de esa agrupación, cada familia, o "pod," habla su propio dialecto. Pero en cautiverio, su cultura queda efectivamente destruida. Los abogados de Harcourt and Brace reaccionaron de una forma inmediata a los informes de la agencia federal OSHA. La amenazaron y exigieron que los reiterara. OSHA cedió y se disculpó públicamente. Pero el daño ya se había hecho.

Sea World se vio obligado a reconocer que tenía un problema. Un directivo de alto nivel hizo una declaración oficial: "Se ha producido una serie de accidentes en poco tiempo mucho más serios que los habidos anteriormente en un periodo de tiempo similar." Prometió que el parque iba a investigar cada incidente para que se pudieran concebir e implementar "nuevas medidas de seguridad." Mientras tanto, los espectáculos seguirían, pero no se permitirían que los amaestradores se metieran en el agua. "Desconozco," continuó, cuando se les permitirá volver a la piscina. Entre bastidores, Sea World estaba bregando con otro problema, es decir qué hacer con Orky, porque todos estos problemas empezaron en la primavera, justo después de su llegada a San Diego.

Desde principios de los 70, Orky y Corky habían sido las estrellas de Marineland. Este acuario marino situado en la zona de Palos Verdes en Los Ángeles, fue el primer parque acuático de California. Orky y Corky fueron llevados allí en 1968 después de ser capturados en el litoral de la Columbia Británica. No tenían más de uno o dos años. Los acuarios prefieren capturarlas tan jóvenes porque son muy difíciles de controlar cuando son adolescentes. A esa edad se resisten. En el caso de Orky, según las palabras de un domador, él llegó a ser "brusco, terco y totalmente exasperante." El problema más notable que causó ocurrió el 2 de mayo, 1978.

Orky estaba ensayando un nuevo ejercicio cuando de repente se detuvo y descabalgó a la amaestradora de su lomo. A continuación, la empujó al fondo del tanque de siete metros de profundidad donde la estuvo sujetando durante casi cuatro minutos. Un directivo y un ayudante por fin lograron sacarla inconsciente del agua y reanimarla con respiración cardiopulmonar. En el hospital preguntaron a la domadora por qué Orky lo había hecho. "Supongo," dijo en broma, "que sobreestimó mi capacidad de contener la respiración." Con un tono más serio agregó que "hacía meses" que nadie había montado a Orky. Tal vez no le gustó. La mujer no sabía si iba a volver al parque.

Irónicamente, en el norte de California más o menos al mismo tiempo ocurrieron dos incidentes similares, los dos perpetrados por una ballena llamada Kianu. En una ocasión en Marine World, Kianu muy resuelto con su inmenso cuerpo encima de un buzo le hizo bajar hasta el fondo. Como recordó un colega, "solo quedó visible un pequeño brazo." Después de un rato, la ballena soltó al buzo quien aparentemente no había sufrido ningún daño físico. Pero aun así, "el hombre recogió su equipo y se despidió del parque." Nunca volvieron a verle. En la segunda ocasión, Kianu arrojó fuera a un domador que estaba intentando montarle y le persiguió haciéndole huir del tanque. Nadie sabía que hubiera pasado si le hubiera cogido. De hecho, algunos empleados de Marine World han confesado que pasaban miedo mientras trabajaban. Algunos habían sido mordidos fuertemente, otros empujados o embestidos. Unos habían sido "agarrados desde las plataformas y sujetados bajo el agua." Muchos amaestradores tenían cicatrices, testificación de esos encuentros. Trabajar con orcas siempre era peligroso y a los parques les incumbía encontrar las formas de minimizar los riesgos.

El método más común para controlar a las orcas es el uso de pescado como recompensa. En el Sealand del Pacifico, los domadores a menudo se negaban a darles entre el 25 al 35% de su asignación diaria de alimentos como método de disciplina. Pero esa estrategia no daba buenos resultados con Orky. Después de un ejercicio especialmente mal ejecutado, el amaestrador decidió "retener su paga" y se negó a darle ningún pescado. Orky se enfadó. "Chilló, hizo un gesto con la cabeza a la velocidad de un rayo," y miró al hombre con el "ojo rojo." Traducido esto quiere decir que estaba furiosa; y cuando eso sucede, los amaestradores corren para salvar sus vidas. En este caso, viendo a Orky con tanta ira, el domador le arrojó una gran cantidad de peces y rápidamente se marchó. Esta orca bien sabía cómo manipular a la gente de su alrededor. "Varias veces," explicó un jefe, "he visto a Orky manipulando al mismo amaestrador durante varios días consecutivos." Orky nadaba a su bola durante los entreactos y como cada vez nadaba durante ratos más largos, apenas quedaba espectáculo. Para hacer que la orca volviera a trabajar tuvieron que subirle su sueldo, es decir aumentar su asignación de pescado.

Todos los parques de Seaworld tienen medidas en vigor para bregar con las huelgas de las ballenas. "Hay que entender al animal," reconoció un administrador, "porque saben cuando el show está por terminar.... y simplemente se detienen y se niegan a seguir." Para prevenir que una huelga acabe con un espectáculo, continuó, "es necesario que haya mucha variación y flexibilidad." Si un domador ha perdido el control, lo que hace frecuentemente es sustituir esa ballena por otra. Si eso no resuelve el problema, da una conferencia sobre las orcas o los mares para distraer a los espectadores o les ponen un video en el 'Jumbotron' (pantalla gigante). Las madres primerizas son conocidas por negarse a trabajar. Por eso, utilizan las crías en los espectáculos. Sin embargo, el problema más grave que tienen los parques como Marineland o Sea World son los ataques a los amaestradores. Este alto nivel de riesgo requiere que los acuarios mantengan una constante vigilancia.

Marineland decidió que el castigo de Orky por su asalto en mayo, 1978, sería el aislamiento. "No está permitido que ninguna persona se acerque a Orky durante tres días," dijo un portavoz. "Sí, se puede decir que Orky está en confinamiento solitario." Sea World, después de los ataques de 1987, decidió eliminar su programa de amaestramiento en su totalidad. Ese programa, que se llamaba "el Método de Sea World," hacía hincapié en la falta de previsibilidad en el comportamiento de las orcas. Reemplazaron los peces por juguetes, juegos y estimulaciones táctiles. Pensaban que si las orcas no sabían que esperar, se convertirían en orcas más confiables y obedientes. Pero esa batalla la ganaron las orcas. Entonces sustituyeron ese programa por otro que recompensaban a las orcas con peces. Ese cambio aparentemente funcionó y en mayo de 1988 permitieron a los amaestradores volver al agua — justo a tiempo para el vigésimo quinto aniversario de Sea World. Y cuatro meses más tarde cuando murió Orky, su orca problemática, la situación de Sea World mejoró. La autopsia reveló que esta orca de solo treinta años tenía los órganos como una del doble de su edad. El trabajo forzado le había llevado a una muerte temprana. Sin embargo, Harcourt y Brace decidieron dejar el negocio de los espectáculos con ballenas. Finalizó la venta en septiembre del siguiente año siendo el nuevo dueño de Sea World la empresa productora de cerveza, Anheuser-Busch.

Durante los próximos años, las relaciones entre las orcas amaestradas y sus domadores fueron relativamente tranquilas. Pero cuando una orca llamada Kasatka se hizo mayor comenzaron a cambiar. Ella nació en 1976 en las aguas litorales de Islandia donde fue capturada y posteriormente vendida. En las décadas anteriores, Sea World había atrapado a la mayoría de sus ballenas en el área del Puget Sound. Pero como en 1976 le prohibieron la captura de ballenas allí, tuvieron que buscarlas en otras aguas. El motivo por lo que lo prohibieron ocurrió en marzo del mismo año.

Ralph Munro estaba navegando un día cuando vio una flotilla de barcos, un hidroavión y un pesquero que estaban conduciendo a un 'pod' de orcas hacia una cueva. Cuando se les acercó para ver lo que pasaba, los cazadores "nos gritaron que nos alejáramos. Les preguntamos si tenían autorización para perseguir a esas ballenas y nos gritaron que sí la tenían y que nos largáramos." Munro, un futuro Secretario del Estado, se negó a irse y fue testigo de lo que pasó a continuación:

> Las ballenas estaban frenéticas por estar acorraladas. Como se dieron cuenta de que estaban al final de la ensenada y en aguas poco profundas, se dieron la vuelta y regresaron hacia aguas más profundas. Pero el pesquero ya había soltado sus redes a lo largo del puerto y las ballenas entraron rápidamente en ellas. Mientras los cazadores

empezaron a cerrar las redes alrededor de algunas de las ballenas, se encendió una antorcha en la popa del barco más rápido. A continuación, los captores empezaron a encender los explosivos submarinos (bombas para focas). Tan pronto como pudieron encenderlos fueron lanzados dentro del agua para forzar a las ballenas a entrar en las redes. Fue una escena trágica. Algunas quedaron dentro y otras fuera. Se lamentaban a gritos. Las bombas estaban explotando, los motores acelerados a tope, los captores estaban utilizando los bicheros para empujar y conducir a las ballenas dentro de las redes. Y estaba tan disgustado que tenía ganas de vomitar. Estábamos furiosos.

Ted Griffin, un veterano coleccionista de Sea World reconoce que "las ballenas mueren durante la caza." "Si yo tengo ballenas muertas, voy a ocultarlo al público y eso fue lo que hice." Su técnica favorita es rajar sus barrigas y llenarlas con rocas para que se hundan al fondo. Munro no solo presentaría una demanda contra Sea World por sus acciones sino que también ganaría el caso y prohibiría la captura de orcas en Puget Sound. "La gente ya no aguanta que esos parques de atracciones del sur de California lleven a nuestra fauna a morir allí," declaró Munro a la prensa. "Dan a todas las ballenas el mismo nombre, pero no logran engañar a nadie. Lo fundamental para ellos es el beneficio comercial. Sus supuestos estudios científicos son chorradas."

Menos de una década más tarde, Sea World intentó persuadir al Estado de Alaska a firmar un acuerdo autorizando la captura de 100 orcas — diez de las cuales serian puestas en cautividad. El parque necesitaba más ballenas y estaba dispuesto a hacer cualquier cosa para conseguirlo. El dueño de Sea World presionó a los oficiales del Estado y puso anuncios de páginas completas en los periódicos. Abogó por la necesidad de hacer pruebas científicas. Destacó cómo sus biólogos realizarían análisis de sangre, extracción de dientes, biopsias del hígado, y toma de muestras del estómago. Pondrían transmisores de radio en algunas de las ballenas y marcarían a las demás para que pudieran ser identificadas. A los ciudadanos de Alaska no les gustó nada y rechazaron la petición. Por el momento, solo Islandia seguiría siendo la fuente de mano de obra para Sea World.

Entre 1976 y 1987 capturaron a ocho orcas en esas aguas heladas. Una era Kasatka que llegaría a ser la más infame. Los problemas con ella empezaron en 1993 cuando intentó morder a un amaestrador durante un espectáculo. Fue una agresión y si hubiera logrado hacerlo, podría haber herido o incluso matado al individuo. Sea World minimizó el incidente cautelosamente como si fuera una anomalía. Seis años más tarde, ante el público lo intentó de nuevo. El empleado evitó que le mordiera por los pelos. "Sin duda ella quería morder al domador," confesó un portavoz. Decidieron amaestrarla más utilizando técnicas de modificación de comportamiento. Mientras tanto continuaría dando espectáculos pero "solo cuando no hubiera amaestradores en el agua." El siguiente incidente ocurrió el 29 de noviembre, 2006. Durante el último show de la noche, Kasatka decidió cambiar el guión. En vez de subir del agua para que el amaestrador pudiera saltar de cabeza, le agarró y le bajó al fondo donde le inmovilizó. Este veterano con dieciséis años de experiencia logró liberarse, pero la orca le cogió y arrastró bajo el agua de nuevo. Unos años antes él había escapado de sus fauces, pero esta vez no tuvo tanta suerte.

Después de este ataque, el parque intentó minimizar el daño. La noticia del ataque había salido por el mundo entero. Y solo era una cuestión de tiempo antes de que se filtraran nuevas informaciones. Al principio, trató de convencer al público de que fue un incidente insólito. Pero al mismo tiempo salieron a la luz los episodios anteriores de Kasatka. Entonces Sea World admitió que su orca sí tenía antecedentes, sobre todo con un amaestrador, pero que el parque tenía el programa de sus orcas bajo un control total. Esto también resultó ser falso.

Solo catorce días antes, Orkid, una ballena de diecisiete años nacida en cautiverio, había hecho pedazos el tobillo de un domador veterano durante un espectáculo arrastrándole al fondo del tanque. En 2002 rompió el brazo de otro en un ataque similar. Y también hubo incidentes en algunos otros parques de Sea World. En abril de 2005, Taku, también nacido en cautiverio, dio un golpe tan brutal a su domador que éste tuvo que ser hospitalizado. Y en el verano anterior otra orca había saltado encima de su amaestrador en el Sea World de San Antonio. Sin embargo, decidió no divulgar ninguna de estas informaciones.

A Kasatka la enviaron a trabajar de nuevo, casi de inmediato. El parque enfatizó que "ella ha sido una de nuestras más fuertes y fiables orcas amaestradas." Sus ejercicios se limitarán solo a aquellos en los que no se involucren directamente con los amaestradores. A pesar de esto, el show continuará triunfalmente. Entre bambalinas los directores de Sea World cruzaron los dedos esperando que el negocio recobrara la normalidad. Así ocurrió durante cinco meses. Orkid salió en las noticias una vez más en abril de 2007. Durante un examen médico rutinario empujó a su domador desde lo alto del muro de contención donde se encontraba. Sea World afirmó que se trató de un accidente.

# CUANDO LAS ORCAS SE RESISTEN

Cuando las orcas se resisten a su explotación, lo hacen controlando la intensidad de su ataque y amenaza. Primero miran y luego atacan. Primero agarran una extremidad y luego te sumergen repetidamente bajo el agua. Al final las orcas mantendrán inmovilizado a su amaestrador en el fondo del tanque hasta ahogarle. Son criaturas con gran inteligencia. Ellos han llegado a entender la fragilidad y debilidad de sus homólogos humanos. Saben que pueden contener la respiración durante mucho más tiempo que nosotros, un conocimiento muy útil que una orca en particular ha usado más de una vez.

Cuando el Sea World compró a Tilkum en 1991 se le advirtió acerca de él. Se le conocía porque ya había estado involucrado en la muerte por ahogamiento de un domador y por ser difícil trabajar con él. Los responsables tomaron precauciones desde el principio. Solo permitieron a los amaestradores más experimentados manejarlo. No se permitía a nadie nadar con él. Todas las interacciones se llevaban a cabo en las plataformas de poca profundidad de ocho a doce centímetros. Las orcas se impulsan a si mismas sobre estas plataformas acuáticas como rutina para asombrar y entretener a los espectadores. Para los domadores esa forma de contacto "seco" tiene una ventaja adicional porque fácilmente pueden alejarse si el animal da señales de que va a dejar de seguir las instrucciones. Por su diseño estas repisas realzan los ejercicios y disminuyen el riesgo de ataques.

El día 24 de febrero Tilikum encontró la forma de superar esto. Mientras su amaestradora estaba inclinada sobre la repisa, el surgió del agua y la agarró. Se suponía que era una sesión que debería dar la apariencia de buena relación: una interacción de armonía entre el animal y la domadora. A continuación se le señalaría que nadara hacia una ventana bajo el agua para que pudieran hacerle fotos. Tilikum, sin embargo, tenía su propio plan. Decidió utilizar su comprensión y experiencia para revertir la situación. Eligió aprovecharse de la vulnerabilidad de su amaestradora, tanto de su posición como de su incapacidad para contener la respiración. La ahogó con intención y alevosía.

La clara intención de Tilikum fue matar a su domadora. Después de mantenerla bien agarrada la sacudió con tal violencia que la fracturó la espalda, las costillas, las piernas y los brazos. Entonces la mantuvo bajo el agua durante cinco minutos. Mientras todo esto ocurría algunos empleados intentaron controlar a Tilikum. Así lo explicaron en el informe inicial del sheriff. Pero la enfurecida orca no se rindió. El "enfrentamiento" se prolongó durante más de media hora. Incluso después de que el personal atrapara a Tilikum en una red, se negó a soltar el cuerpo. Tuvieron que rescatar el cadáver apalancando su boca. También tuvieron que apalancar para sacar el brazo de la mujer. No hay duda de que Tilikum quería verla muerta.

En cuanto a su objetivo final, está claro que el ataque fue una demostración inequívoca de su aversión al cautiverio y todo lo que implica: de la falta de autonomía a las relaciones explotadoras y la carga de trabajo cada vez mayor. Los espectadores comunicaron que las orcas no estaban siguiendo las instrucciones en el espectáculo anterior y que parecían estar agitadas. Tilikum se negó a obedecer la orden de salpicar al público. Otra no hizo el ejercicio programado. Los amaestradores explicaron a los visitantes que las orcas "estaban teniendo un mal día, que estaban de malhumor." Deberían haber entendido que ese comportamiento por parte de las orcas era de mal agüero.

Los dirigentes de Sea World sabían, por ejemplo, que solo dos meses antes un domador en el Loro Parque de las Islas Canarias fue asesinado. Keto, una orca nacida en cautiverio había decidido matarle. Le embistió violentamente en las costillas durante un ensayo y le ahogó. En 2007 en el mismo parque otra ballena nacida en cautividad, Tekoa, hizo algo muy similar. Arremetió contra el pecho de su amaestradora y la hundió repetidamente en el agua antes de que finalmente la soltara. Otro mensaje desatendido.

Después del ataque mortal de Tilikum, todo el mundo tenía su teoría del por qué. Muchos ofrecieron las excusas habituales. La orca era un macho controlado por la testosterona, salvaje e impredecible. Según otros, Tilikum actuaba conforme con su nombre coloquial, 'killer whale' (ballena asesina) y solo actuaba por instinto. Otros, señalando sus ataques anteriores, afirmaron que era muy peligrosa, un "asesino en serie." Y algunos pensaron que tal vez Tilikum sufría del Trastorno de Estrés Postraumático (TEPT).

Desde hace mucho tiempo, TEPT ha sido un diagnóstico para las personas que sufren de los síntomas correspondientes se lo aplicaron a ellos también. La idea era que si un elefante ataca a un ser humano, lo hace porque "se ha vuelto loco" debido a un trauma sufrido, es decir por abuso prolongado o por haber sido testigo de la matanza de algunos miembros de su familia. En cuanto a Tilikum, teorizaron que él sufría del TEPT a causa de su captura y separación de su 'pod' familiar y el cautiverio. Mas esta teoría tiene un problema importante.

La resistencia no es un trastorno psicológico. Al contrario, frecuentemente ocurre en un momento de una nítida claridad. Esto no quiere decir que Tilikum y otros no sufren de una depresión clínica o problemas relacionados con el estrés. El punto es que los animales en cautiverio, por su inteligencia, ingenio y tenacidad, han sido capaces de superar sus difíciles situaciones y los fuertes obstáculos. Sus acciones muestran intención y deliberación. En todo caso, estos animales son psicológicamente fuertes, no débiles. Están optando por defenderse.

Sea World ofreció su propia explicación por lo ocurrido aquel día. "Hay que recordar," empezó a decir el director, "que hemos interactuado miles de veces con este animal sin incidente alguno. No había indicaciones de que hubiera algún problema." De hecho, las orcas en el show anterior estuvieron "muy cooperativas." Fue un accidente. La larga trenza de la domadora se cayó al agua y entró en la boca de Tilikum. La orca la cogió igual como un niño agarra un juguete nuevo. Solo tuvo curiosidad y deseos de jugar.

Como en la película de Kurosawa, "Rashomon," la mayoría de los aproximadamente cincuenta visitantes que estuvieron presentes, tenían versiones diferentes del ataque. Según uno, "Tilikum se echó a nadar muy rápidamente, volvió, saltó al aire y agarró a la amaestradora por la cintura." Otros, incluyendo un guardia del parque, dijeron que Tilikum la cogió por el brazo, pero otro espectador pensó que no fue por el brazo sino por el hombro. Pero todos coincidieron en lo que pasó a continuación: la orca sacudió a la mujer con una violencia espantosa. En su opinión Tilikum no estaba jugando y lo que hizo no fue un accidente.

A pesar de esas discrepancias, Sea World se mantuvo firme en su versión de los hechos y siguió el guion estándar. Los espectáculos se reanudaron tres días más tarde. Fue una decisión arriesgada pero no sorpresiva. "Sea World," dijo un asesor del parque, "depende totalmente de Shamu y la orca. Así que, en dólares, representan literalmente cientos de millones de dólares para esa empresa." Hay que recordar los seis millones de visitantes anuales que van a Sea World en Orlando, Florida, no pagan los $78. 95 cada uno para ver a los peces nadando en un acuario. Vienen a ser entretenidos. Blackstone, la empresa de inversiones de capital de riesgo, que compró el parque en octubre, 2009, entendió bien eso y los puso nuevamente a trabajar.

Tilikum permaneció entre bastidores y aislado. Sea World estaba actuando cautelosamente. Los dirigentes del parque declararon repetidamente lo importante y valioso que él había sido para su negocio. Es cierto. Los zoológicos y circos son negocios y Blackstone había pagado $2.3 billones por ella. Son las orcas que, en términos del trabajo e ingresos, son las más productivas empleadas de ese negocio. Tilikum trabajó dando shows durante casi diecinueve años en Orlando, engendró trece crías y produjo alrededor de un billón de dólares. A pesar de todo eso, Sea World no creyó que se hubiera ganado el derecho de jubilarse. Ni un dólar de ese billón ganado por él se va a dedicar a un santuario para las orcas mayores. No se lo merecen. Tilikum no iba a ir a ninguna parte.

El negocio de los zoos está lleno de tales contradicciones. La gente aprende acerca de lo importante que son los animales, pero no aprenden lo que es de vital importancia para ellos. Los mamíferos marinos, elefantes y primates son capaces de hacer tantas hazañas asombrosas, pero no de demostrar sus intenciones y tomar sus propias decisiones. Ese negocio promueve la idea de que esos animales son inteligentes pero no lo suficiente como para tener la capacidad de resistirse. Quieren que se preocupen por ellos para que vuelvan a visitar el parque con sus hijos. Pero no quieren que se preocupen tanto que lleguen a tener empatía por ellos y preguntarse si realmente quieren estar allí.

Tilikum ha hecho dos declaraciones acera de su cautiverio, la primera en 1992 y la segunda en 2010. Otros animales han hecho lo mismo: de Tyke a Ken Allen a Kasatka. Esta lucha tiene una larga historia que se remonta a siglos. Esta lucha y los cambios que podría ocasionar les dan a los zoos y circos mucho miedo. Nosotros, sin embargo, no tenemos que sentirlo. En su lugar podemos reconocer esa lucha, aprender de ella y tomar partido. ¿Dónde quiere estar Tilikum? Sin duda no quiere estar confinado en la soledad de los tanques estériles de Sea World.

# AGRADECIMIENTOS

QUIERO DAR LAS GRACIAS A PETER LINEBRAUGH, MI profesor. Y a Diane Britton por recordar firmemente al Toledo Zoo que, como es una institución pública, yo tenía derecho a ver sus archivos; a Manuel Yang por su ayuda en las etapas preliminares de este proyecto; a *CounterPunch* y sus editores; a Jeffrey St. Clair y Alexander Cockburn por el espacio para expresar mis ideas; a Teresa Marshall y Jennifer O'Connor por la montaña del trabajo fotocopiada que me salvó de un año de trabajo; a Jeff Howison por su conocimiento profundo de ajedrez; a Ralph Munro por compartir sus experiencias conmigo; a *Now Magazine* (Toronto); al departamento de Historia Local en la Biblioteca del Condado, Toledo/Lucas y Greg Miller. Deseo dar un agradecimiento especial a Tracey Briggs por revisar cuidadosamente cada borrador de este libro. Y a mis padres por su fe constante.

# ÍNDICE